品成

阅读经典 品味成长

我说我最怕人生没意义，你说你最怕小虫子

李适 著

谭雪 iris_noww 绘

人民邮电出版社

北京

图书在版编目（CIP）数据

我说我最怕人生没意义，你说你最怕小虫子 / 李适
著 ; 谭雪 iris_noww 绘 . -- 北京 : 人民邮电出版社，
2025. -- ISBN 978-7-115-67515-6

Ⅰ. B848-49

中国国家版本馆 CIP 数据核字第 2025DQ0861 号

◆ 著　　　　　李　适
　　绘　　　　　谭雪 iris_noww
　　责任编辑　鲍洁新
　　责任印制　马振武
◆ 人民邮电出版社出版发行　　　　北京市丰台区成寿寺路 11 号
　　邮编 100164　　　电子邮件 315@ptpress.com.cn
　　网址 https://www.ptpress.com.cn
　　文畅阁印刷有限公司印刷
◆ 开本：787×1092　1/32
　　印张：9.25　　　　　　　　　2025 年 9 月第 1 版
　　字数：126 千字　　　　　　　2025 年 9 月河北第 1 次印刷

定价：59. 80 元

读者服务热线：（010）81055671　印装质量热线：（010）81055316
反盗版热线：（010）81055315

序

当我开始了解 MBTI [①]

人人都渴望被理解，然而现实是人与人之间总有各种各样的误解。为什么人与人互相理解这么难？

我小时候是一个十分内向的孩子，常常因为他人的一句批评就泪流满面，但因为我是男孩子，家里的长辈认为我应该有男子气概，所以我常常被教育不能这样敏感、不能轻易流泪，无论何时都不能展露脆弱的一面，否则会被人看不起。于是，我在接下来二十多年的人生里始终牢记"教诲"，尝试把自己磨炼成一个坚强的男人。然而，这样做的结果是：我不仅没能真正变得坚强，还在这一过程中变得冷漠、自私，为了避免面对他人的情绪而逃避与他人相处，我甚至没能注意到自己已经在长期的压抑下走到了崩溃的边缘……

[①] MBTI 的英文全称为 Myers-Briggs Type Indicator，是一种以发明者名字命名的人格类型评估工具。

在绝望之中，我在机缘巧合之下开始接触 MBTI。起初，我把 MBTI 当成和星座一样的伪科学，后来，我才渐渐明白，MBTI 以心理学作为基础，目的是帮助人了解自己的优劣势，发掘自己真实的潜能，以避免做出不符合自身天赋的选择。

我的母亲常常和我讲她当年高考的故事。母亲说她的真正天赋是在文科方面，但是由于当年存在一种"理科生聪明，文科生不如理科生"的偏见，导致她因为不想被认为是学不了理科才去学文科，才"赶鸭子上架"选择了理科。母亲常常觉得，如果当年能够不受他人的影响选择文科，她一定能考上更好的大学。我想母亲当年之所以没能坚持选择文科，还有一个原因是她当时没办法确定她就是擅长文科。对自身天赋的判断只能靠感觉，以致她没能选择自己擅长的文科。

我自己在选择大学专业时，也因缺乏对自身天赋的认识而历经波折。在填报志愿时，我不清楚自己真正擅长学习的是哪类学科，因此第一志愿填报的是当时最热门的金融学，第二志愿填报的则是"不知道选什么，就选这个"的工科大类，结果我被第二志愿录取，并在开学半年之后就面临着选择具体工科专业的情况。根据我当时的感觉，我以后想要从事管理方向的工作，于是我选择了物流专业，期冀未来成为一位物流公司的职业经理人。

然而，在实际学习中，我发现这个专业并不适合自己，因为物流专业常常要和计算打交道，而我对数字计算十分反感。结果，我在大学几年里的专业课成绩一塌糊涂，这让我产生了强烈的自卑感，直到我后面读研究生时选择了市场营销专业，发现自己几乎不用怎么努力就能拿到一个不错的成绩，才重新恢复了自信。这时我才发现，自己原来不是一个"学渣"，而是单纯不适合学习涉及大量数字计算的专业。

MBTI让我意识到，作为一个INTP^①，我之所以能在市场营销专业表现出色，是因为学好这个专业主要靠的是"能想"和"能说"，它考验的是一个人的思想水平和表达能力，而INTP恰恰擅长思考和表达自己的想法。

在参加工作之后，我曾作为创业者面临招聘人才的问题，也因为经验不足、缺乏有效的人才识别知识而吃过苦头。在接触了MBTI之后，我开始了解自己更善于和哪些类型的人合作，以及不善于和哪些类型的人沟通。读者也许会觉得MBTI被我描述得过于神奇，其实不是。我们如今正处于一个个性解放的年代，人们重视最大限度地发挥自己的天赋和潜能，MBTI的力量也因此

---

① 16型人格之一，指代属于此人格类型的人，全书同此。

得以彰显。

我撰写此书的目的，就是帮助每一位读者发现自己的天赋和潜能。希望在这个充满变化与挑战的时代，我们能够携手进步，为社会贡献一份爱与希望！

李适

2025 年夏

导读

认识 MBTI 的四个维度

大约在 20 世纪 40 年代，一对美国母女为了将刚进入车间毫无工作经验的女性安排到与她们最匹配的工种上去，以心理学家卡尔·荣格的人格类型理论为基础，编制了一套人格测验。

这对母女中的女儿名为伊莎贝尔·布里格斯·迈尔斯（Isabel Briggs Myers），母亲名为凯瑟琳·库克·布里格斯（Katharine Cook Briggs），她们将自己编制的测验以自己的名字命名，也就是我们今天所讲的迈尔斯－布里格斯人格类型测验（Myers-Briggs Type Indicator，简称 MBTI）。

MBTI 共有四个维度，分别是内倾（Introversion，I）与外倾（Extraversion，E）、直觉（iNtuition，N）与感觉（Sensing，S）、情感（Feeling，F）与思维（Thinking，T），以及判断（Judging，J）与感知（Perceiving，P）。

第一个维度：内倾与外倾

内倾

"内倾"（更关注内心世界的感受和思想）的个体被称为"I型人"。I型人倾向于从自己对现实的内在认识出发，去接触他人和环境。他们在面对世界的时候总是小心翼翼的，首先要在内心确认怎样是安全的，总是想要避免错误的决定和行为带来不可逆转的后果。

比如，I型人在结识新朋友的时候，更倾向于谨慎地选择聊天用语，避免冒犯到对方，引起对方的反感。这个过程相当消耗能量，因此I型人普遍在面对社交活动时会有一种天然的回避倾向。他们会对即将接触的人进行模糊预测，再根据预测得出的信息进一步确认对方是否符合自己的预测，一步一个脚印地去认识对方，直到自己完全了解对方的性格。

I型人不管去哪里都会拿着一张"地图"，每走到一个新的路口，都要小心翼翼地与自己手里的"地图"对照，生怕出错，陷进生活和人际的泥沼。这份"地图"就是I型人对现实的内在认识。如果不经常参考"地图"，I型人就容易感到焦虑，手足无措。

I 型人对信息的承载能力相对有限，因此他们对陌生的人和事常常会选择小心应对，避免让自己信息过载。

读到这里，I 型人可能会觉得自己的特质是一种劣势，作为 I 型人的我也曾经这样认为，但后来生活中的许多事让我改变了看法——I 型人的特质其实在很多情境中都是一种优势，这一点需要大家慢慢体会。

外倾

"外倾"（更关注外部世界的直观连接）的个体被称为"E 型人"。E 型人在面对现实时，倾向于采取直截了当的方式。E 型人说话比较直接，在面对问题时不喜欢绕弯子，且喜欢迎难而上。对 E 型人来说，迎难而上是一种乐趣，适度的挑战能够让 E 型人感觉兴奋，就像冲浪运动员直面波涛汹涌的大海。

E 型人在看待世界时，一般会采用更群体化的方式，也就是说，E 型人更倾向于参考外部世界现有的认知和视角。有的 MBTI 研究者把 E 型人看待世界的方式称为"客观"，而把 I 型人看待世界的方式称为"主观"，但我认为这种描述是错误的。无论是 E 型人还是 I 型人，他们看待世界的方式都是主观的，不同的是他们选择的出发点，I 型人选择的出发点是自己的内在认识，E 型人选择的出发点则是他人或其所属群体的见解，而在很多情况下，他人或其所属群体的见解未必是客观的、符合事实的。

当然，E 型人有时也会完全不在意外部世界的意见，按照自己的想法放手去做。这是因为 E 型人觉得自己的想法能够更有效地影响世界，哪怕这意味着自己和他人持有完全不同的看法。

第二个维度：直觉与感觉

直觉

以"直觉"作为主要感知方式的个体被称为"N 型人"。N 型人常常给人一种神秘莫测的感觉。有人认为直觉可以说是一种超能力，能超越人的感知让人发现不为人知的事实。其实直觉并没有那么玄幻，它更多的是基于归纳和想象。

日本有一部非常有名的动画片叫《名侦探柯南》，里面的主角江户川柯南总能够通过犯罪现场的蛛丝马迹快速地推断出凶手的作案手法和动机，而其他人往往会在听到柯南的推论之后佩服得五体投地。柯南在许多场合下所展示的就是他的直觉。

讲到这里，有些读者可能会产生一种"直觉好厉害，比感觉强多了"的印象。诚然，直觉是一种优势能力，但想要正确发挥它，有两个非常重要的前提：一是我们需要积累相当多的经验，掌握正确的信息归纳和预测规则，否则我们就会成为纸上谈兵的人，由于直觉很强而产生一种莫名的自信，实际上却错得离谱；二是我们不能完全忽略事实信息，即通过感官获得的信息，因为如果我们完全不顾当下的真实情况，仅仅依靠直觉，就可能会脱离实际。

归根结底，直觉建立在经验和事实之上。一般来说，越是经验丰富且尊重事实的 N 型人，越能真正发挥出直觉的威力。

感觉

以"感觉"作为主要感知方式的个体被称为"S 型人"。S 型人不仅擅长在当前环境中通过感知能力收集信息，还善于对之前的人生经历进行回忆和分类。

S 型人比较关注感官体验，因此他们随着人生经历的增长能够积累大量的事实信息，这使得他们在那些需要实践操作的领域里能够独占鳌头。例如，一位出色的护士不仅拥有充分的医学知识，还拥有丰富的护理经验，能够了解不同患者的实际差异和需求。比如，对不同的患者来说，扎针的时候怎样下针才不疼、挽扶的时候怎样挽着才舒适、擦洗的时候用多大力气才恰当……这些细节是没法通过单纯地阅读书籍来了解的，只能在感觉层面进行一次次体会才能了解。S型人能够快速地掌握这些信息，并将其应用于实践。

N型人在说话时，往往更喜欢在话语里加入一些隐喻，这是N型人表达的乐趣。而S型人在事物认知层面更关注事实，所以S型人在说话时，更加看重精确度。一般来说，S型人的表达更具画面感，包含更多的事实信息，也更不容易被人误解。同时，S型人在表达时遣词造句也更加完整，有时为了明确地表达出自己的意思，他们会选择多重复几次同样的话语。

第三个维度：情感与思维

情感

以"情感"作为判断方式（靠情感和价值观指导行为和决策方向）的个体被称为"F型人"。F型人非常擅长体会他人的情感，不仅如此，他们还能影响自己和他人的感受。影响自己的感受，可以通过与人交流、看影视或文学作品等方式来实现；影响他人的感受，可以通过倾诉和写作等方式来实现。

F 型人擅长共情他人以及引发他人共情，所以他们在文学创作、艺术创作、设计等领域非常有天赋，如果他们忽视自己的这些优势，盲目地在更多依靠逻辑思维的领域奋斗，就可能会感到工作缺乏温度与意义，错失挥洒激情与发挥创造力的机会。

F 型人的优势还体现在各种一对一的活动中，比如与人沟通。当 F 型人的注意力集中于某个个体时，他们能够全心投入，深度共情。F 型人之所以能在文学创作、艺术创作和设计领域中拥有无数闪耀时刻，也是因为他们能将专注与情感完美结合，让作品直击人心。

思维

以"思维"作为判断方式（基于理性逻辑来思考和制订目标）的个体被称为"T 型人"。T 型人擅长依靠逻辑思维对事物进行理解，他们在理解事物的时候倾向于先下定义，再通过分辨、比较等方式对事物进行透彻的分析，推演事物的发展或是倒推事物的本源。T 型人善于认识问题和解决问题，他们喜欢研究课题并寻找答案。尤其在涉及生产力提高的领域，我们往往能见到 T 型人活跃的身影。

我们常常认为逻辑思维能力强的 T 型人非常理性，但这并不意味着 T 型人没有情绪波动。事实上，由于 T 型人的情感功能相对较弱，因此他们往往比 F 型人更难控制情绪，甚至可能会因对自身感受不清晰而产生混乱和恐惧。当然，具体情况要因人而异。

T 型人通常倾向于以客观的方式看待事物，尽量剥离情感，这种思维方式使他们在生活中显得"不近人情"。有的人会觉得 T 型人追求真理、大公无私；而有的人会觉得他们得理不饶人。值得注意的是，T 型人执着不放的并非他们的个人情感，而是他们认定的真理。在他们眼中，真理高于个人情感，如果情感与真理冲突，他们更愿意否定自己的情感，而非真理。这种特质使 T 型人在追求真理时显得异常坚定，但也可能使他们在人际互动中显得缺乏灵活性。

第四个维度：判断与感知

判断

在生活中，更偏好"判断"的个体被称为"J型人"。J型人分为TJ型人和FJ型人，结合前文所讲，也就是思维判断型人和情感判断型人。

TJ型人，在面对外部世界时主要依靠逻辑思维，重视分析和解决问题。他们倾向于通过理性思考来理解并达成目标；例如在工作中明确公司要求、业绩要求，并通过高效的方式完成任务。TJ型人的目标感强，常被称为"卷王"，因为他们关注实际成果，善于依靠逻辑思维制定策略并付诸行动。

FJ型人，则更倾向于依靠情感来应对外部世界，尤其是在社交和工作环境中。他们注重人际和谐，善于通过共情来融入集体，他们会努力让周围人感到舒适。FJ型人在职场中常表现出"合群"特质，例如他们会通过友好的沟通、关注他人情绪来营造积极的团队氛围。FJ型人的情感敏锐性使他们在领导力方面和团队协作中表现出色，尤其是在需要调动情绪或支持他人的场景中。

无论是 TJ 型人还是 FJ 型人，他们都表现出强烈的目标感，但 TJ 型人更注重逻辑和效率，而 FJ 型人更关注情感和人际关系。然而，这并不意味着他们的行为模式是固定的，其实际表现还受到环境、职业规划和个人经历的影响。例如，FJ 型人未必总是"老好人"，TJ 型人也未必总是"卷王"，他们的行为会根据具体情境进行调整。

感知

在生活中，更偏好"感知"的个体被称为"P 型人"。P 型人分为 NP 型人和 SP 型人，也就是直觉感知型人和感觉感知型人。他们在面对职场和社交环境时，首要目标并非满足他人的要求，而是享受认识和体验的乐趣。当然，在高压环境下，P 型人也会像其他人一样通过达成外界要求来"自保"，但在一般情况下，他们的行为更多由内在的好奇心和探索欲驱动。NP 型人倾向于通过直觉观察事物的内在联系，享受自由观察和思考的过程；而 SP 型人则倾向于通过感觉感知事物的细节，满足自己对现实世界的探索欲。P 型人常常给人一种"无拘无束"的印象。

与 J 型人倾向于"改造"和"协调"外部世界不同，P 型人更注重"启发"和"震撼"外部世界。NP 型人喜欢成为充满想象力的"点子王",即使想法不切实际,也乐于提出新颖的方案;SP型人则更倾向于成为有魅力、潇洒的"明星",通过行动带给他人惊喜。得益于观察能力强,P型人在创造和创作领域往往表现出色。

然而,P型人也常被人认为"懒散",因为他们只有在觉得某件事有趣时才能充分发挥观察能力。如果任务缺乏挑战性或过于乏味,P型人可能会感到无趣,这也限制了他们发挥自己的潜力。P型人更适合能够发挥创造力的工作,这样的工作能让他们更好地利用自己的天赋,而一成不变的工作则会让他们失去耐心。

此外,P型人若想在工作和社交中发挥主导作用,需要在生活中不断积累和学习,以激发灵感和创造力。积累和学习能让他们在关键时刻"不鸣则已,一鸣惊人"。

目录

INFJ

我一生所求不过自由

你是这样的 INFJ 吗

INFJ 是温柔的，其有自我牺牲精神。在面对外界时，他们看似冷漠，就像傲娇的小猫，其实他们的内心是温暖的，他们在意身边人的感受，并默默关心他人。INFJ 非常睿智，善于观察和洞悉人心和事物，对许多事情有自己独特的见解，但他们并不急于表达，而是喜欢静静享受观察的乐趣。

☐ 热爱自由

☐ 意志坚定

☐ 天生懂得关心他人

☐ 和善、友好

☐ 关注人类发展与幸福

☐ 完美主义

☐ 强大的洞察力

☐ 天天说不想干，月月是满勤

☐ 容易疲惫

☐ 善于使用社交面具

☐ 慢热

☐ 敏感、内耗

宇智波鼬（日本漫画《火影忍者》中的角色）[1]

性格温柔，富有责任感，无论何时都给人一种神秘的印象，这就是宇智波鼬。面对自己最亲爱的弟弟佐助，鼬总是轻轻敲打佐助的额头，对佐助说："原谅我，佐助，下次吧。"然而在弟弟看不见的地方，身为哥哥的鼬独自背负了一切责任，包括家族和村子的命运。宇智波鼬的内心有一种能够成为火影的大爱，这让他选择了牺牲自己的生命去维护木叶隐村，守护继承者。

想要看清过去、当下和未来

在 INFJ 眼中，世界是一张巨大的网，人与人之间、事物与事物之间呈现出紧密的关联。一切事情的发生都不是偶然，其中包含着密切的因果关系。他们对这些关联充满好奇，想要看清这些关联，这并非出于某种功利的目的，而是好奇心使然。

---

[1] 本书中提及的人物、角色的人格类型均为推断，仅供参考。

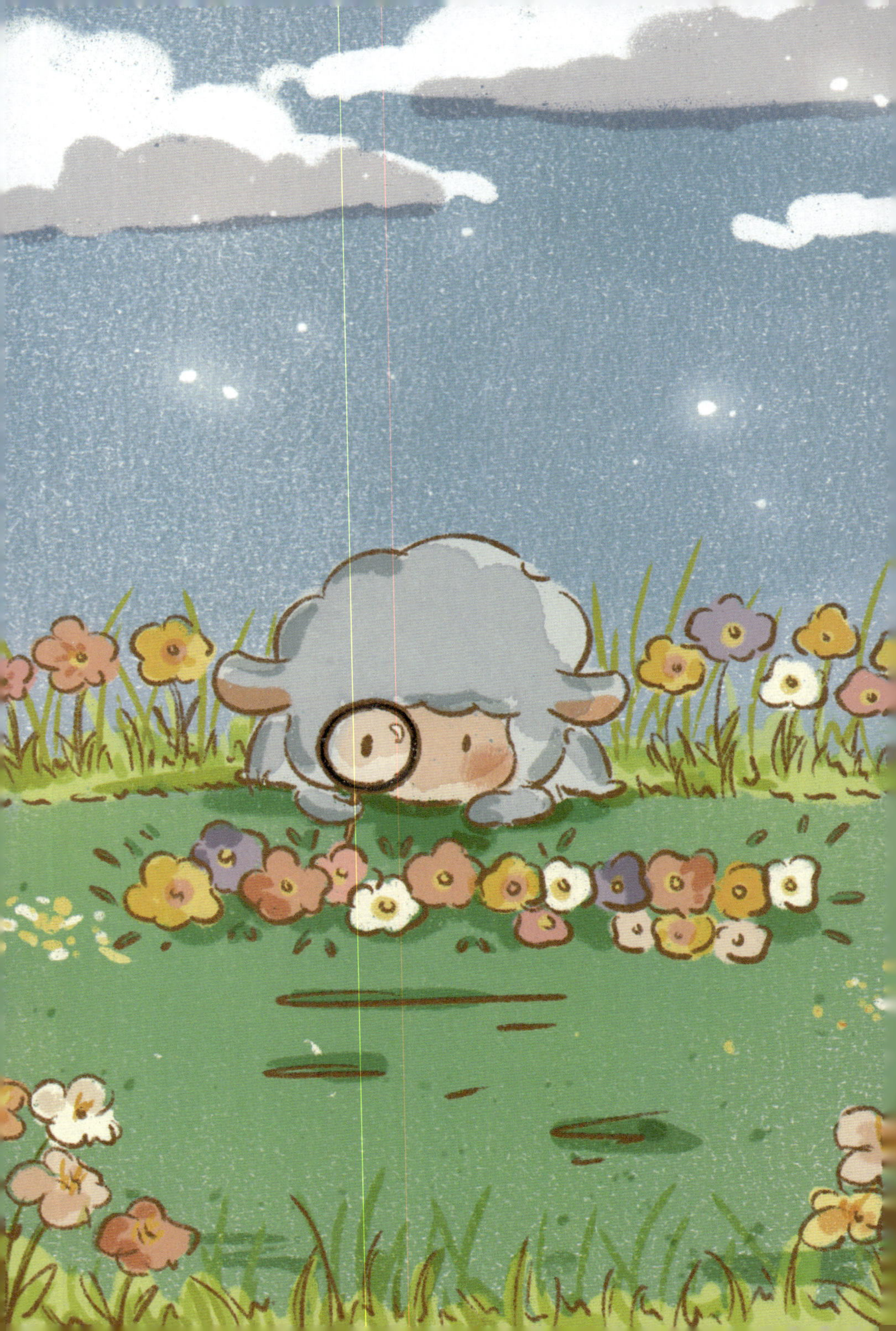

INFJ 是最喜欢观察的人格类型之一。尽管在实际面对外界时，他们更倾向于去满足外界的要求和期待，但他们在空闲独处时，则更喜欢审视外界。在审视外界的过程中，他们的头脑中会产生很多想法，这些想法常常与他们自己和他们所关心的人的未来有关。INFJ 是充满想象力的一群人，他们不一定会和他人分享自己的想象，但他们的头脑中经常有着许多故事和画面。从某种角度来说，INFJ 虽然身在当下，却总是活在未来。

🌼 困境

因为 INFJ 有着喜欢观察的特点，所以他们更容易对未来感到担忧，并且他们的担忧往往是合理的：未来的不确定性、人心的多变、自身力量的有限、人与人之间的隔阂、人性的善恶两面……越是关心的事情，INFJ 就越想要看到这些事在未来的可行性，如果他们看到的都是消极因素，他们就会陷入巨大的焦虑之中，并且这种焦虑很难与他人言说。

🌸 进阶

找到同伴，让灵魂不再孤独

INFJ 必须在生活中寻找和自己价值观一致的人。之所以需要这样的同伴，是因为 INFJ 在观察世界时，首先倾向于自我分析和内部消化，这种模式往往使 INFJ 有着独立的思想。然而，当 INFJ 遇到难以调解的思维冲突时，他们独立思考的习惯会使他们成为一个封闭系统。在混沌的状态下，越封闭的系统越会让思维变得更加混乱，因而 INFJ 十分需要外部灵感的注入，帮助他们恢复平稳状态。

通过被理解，感受到温暖与陪伴

INFJ 需要价值观一致的朋友的另一个原因是，INFJ 在静静观察世界时，总会产生一种孤独感。当 INFJ 神游九天之外，俯瞰芸芸众生时，他们不可避免地感到个体的渺小，以及人类寿命的短暂，从而心生悲怆和感伤。这种情况对 INFJ 来说十分普遍，如果此时他们身边有能够理解自己的朋友，在他们感到孤独时给予温暖，就能把他们从冰冷的世界拉回充满温情的人间，让他们知道，虽然人生短暂，但人与人之间的关爱却可以永恒。

停止无意义焦虑

当 INFJ 对自己的未来感到焦虑时，他们常常在心中评估各种不利因素，并把自身处境和他们所观察到的广泛规律进行对比，这往往让他们得出对未来的悲观预测。然而，INFJ 需要知道，这样的比较往往是失准的，能决定自己未来的往往是选择、行动和内在成长。

过于替他人考虑，以至于时常压抑自己

INFJ 在与他人相处时，通常会先判断用怎样的方式与对方相处，才能让彼此感到舒适。对 INFJ 来说，社交活动往往令人疲惫，除非是和与自己十分要好的人在一起。因为在大部分社交活动中，INFJ 都不得不保持紧绷，观察身边人的态度和举动，并且根据他们的言语和神态来推测其意图。INFJ 这样做并非出于某种特殊目的，而是认为只有如此，才能确保自己言行恰当，避免让他人感到尴尬或不适。

INFJ 与陌生人相处时，首要原则是避免冒犯对方。由于 INFJ 属于高敏感人格，即使他人的言语再含蓄，也能被 INFJ 敏锐地感知到背后的深层含义。这种能力使 INFJ 在成长过程中常常陷入"知道得太多"的困扰，因为他们善于识别他人的善意或虚伪。正因为曾经受过他人言语的伤害，INFJ 在与陌生人相处时才格外谨慎，想尽可能照顾到每一个人的感受。

然而，当INFJ与特别亲近的朋友相处时，他们会展现出另外一面：活泼幽默，甚至有点儿滑稽。这种反差的出现是因为INFJ在与陌生人相处时会刻意压抑自己，而在亲密的朋友面前，他们就能彻底放下防备，释放自己的活力。因此，INFJ不介意被关系亲密的人当作小孩，甚至被称作"傻子"。对他们来说，这种称呼意味着对方和自己一样放松自在，这反而让他们感到无比舒畅。

我说我最怕人生没意义，你说你最怕小虫子

🌼 困境

　　INFJ 生活中最大的痛苦往往源于社交，这与他们温柔的性格看似相悖。事实上，正是因为他们温柔而敏感，才更容易在社交中感受到他人的冷漠与不理解。INFJ 最大的困惑在于，为什么人和人之间可以如此不同？ INFJ 常常在社交场合中感觉自己像一个"外星人"，这并不是因为他们的思想与众不同，而是由于他们发现大多数人并不像自己那样能够包容他人、照顾他人的感受。

🌸 进阶

君子和而不同

　　INFJ 在与人交往中的绝望感，往往源于双方的不同。INFJ 善于隐忍，善于捕捉言语间的细微差别，尊重对方的社交边界，同时善于给出恰当的关心。然而，当 INFJ 的交往对象表现出截然相反的态度，并且双方无法在交流话题上达成一致时，对方往往不能给予 INFJ 同等的包容和关心，这让 INFJ 感到痛苦。一方面，INFJ 知道这并非对方的错，因为彼此性格本就不同；另一方面，INFJ 会怀疑自己是否过于敏感、过于在意自己的感受，这种自我怀疑让他们格外厌恶自己。

找到倾诉对象，接受他人的肯定

拥有倾诉对象对 INFJ 的情感健康十分重要。事实上，INFJ 特别需要有人告诉自己："你不是过于敏感，只是心地善良，总是为他人着想。"INFJ 容易自我否定，因此让他们学会肯定自己需要一个漫长的过程。而如果拥有了倾诉对象，他们就可以专注于表达自己的感受，把肯定自己的任务交给对方。INFJ 善于观察世界，却常常忽略自己的优点，正所谓"不识庐山真面目，只缘身在此山中"。这就需要有人站在"山外"，帮助他们看清自己。

不要害怕没有朋友，积极寻找同频的人

INFJ 有着敏锐的洞察力和出色的共情能力，当与人发生争执时，这两种能力常常会让他们洞察到他人对自己的不满，同时也会让他们感受到对方的负面情绪，这正是他们在社交场合中容易感到痛苦的原因。然而，我并不建议 INFJ 因此逃避社交，相反，我鼓励 INFJ 积极运用自己的洞察力，去寻找那些能和自己达成共识的朋友。许多 INFJ 都"戴着面具"：他们可能沉默寡言，或是表面上很活跃，但他们的内心都是敏感而温柔的。当 INFJ 感到自己像"外星人"时，请记得，还有许多"外星人"和你一样，隐藏在人群之中。

善于决策，但需要时间的工作方式

　　INFJ 虽然是 J 型人格，但在工作中往往更偏爱 P 型人格的人所喜欢的环境：自由、不受拘束、没有时间限制。当然，他们仍需要明确的工作内容和预期，只是不喜欢被时间压力逼迫。INFJ 追求自由空间，但不会像 P 型人格的人那样等待创作灵感。因为 INFJ 有完美主义倾向，所以他们一旦开始做某件事，就想要把事情做到最好，这意味着他们需要考虑各种因素，尤其是可能导致失败的风险，从而充分发挥优势。这种工作习惯使他们往往需要大量时间才能做出最审慎的决定。

正因为 INFJ 有这种"运筹帷幄"的工作风格，他们在做需要进行仔细观察并有深远影响的决策类工作时，才能发挥巨大价值。通常情况下，如果 INFJ 从事的是内容繁杂但影响有限的工作，他们就会消耗大量的时间，却难以获得相应的回报；反之，如果工作中的每一个决定都有着重要影响，那么他们善于观察、谨慎辨别事物本质的能力就会成为一种极具价值的优势，使他们成为出色的风险规避者和高能决策者。

INFJ 的谨慎并不体现在对数字细节的关注上，而表现为擅长判断一个决定是否符合现实规律。换句话说，INFJ 的谨慎不是"螺丝有没有拧紧"的技术性细致，而是"是否顺应人性与趋势"的战略性考量。INFJ 对微观工作的兴趣远不如宏观工作：对 INFJ 来说，整体大于局部，主旨大于细节，看不见的比看得见的更重要。就像中国山水画重意境而非技法，INFJ 更倾向于通过深邃的思想而非技巧来创造价值。

🌼 困境

INFJ 的天赋使他们更加适合管理和决策型工作，而非基层工作。然而，INFJ 必须面对的事实是，任何工作都需要从基层做起，这意味着他们不得不处理繁杂的基础工作，甚至面对激烈的基层竞争。对 INFJ 来说，刚进入一个行业的初期尤具挑战性：他们常常要应对截止日期的压力、上司的催促以及同事的各种要求。对敏感的 INFJ 来说，既要避免冒犯他人，又要回应突发的临时需求，这使他们疲于奔命。长时间面对这种令人疲惫的日常工作，INFJ 可能会产生"躺平"的想法，渐渐丧失对工作的热情。

🌼 进阶

寻找当下工作的意义

INFJ 并不是不能吃苦，相反，他们完全能够承受艰难困苦。问题在于，INFJ 吃不了在他们看来毫无意义的苦。INFJ 在开展一项工作之前，需要清楚自己所做之事的当下意义和长期意义，以及这项工作与自身未来发展的关联。他们难以接受"什么都别问，让你做什么就做什么"的工作模式，因为这和他们长期形成的洞悉万物本质的思维模式相悖。

提前实地调查，避免失望

如果 INFJ 想在工作中保持热情并获得更快速的发展，我强烈建议他们在校园时期就对未来想要从事的工作进行调查和深入了解，最好通过实习亲自体验，或者多和实际从业者进行交流，避免产生认知偏差。提前了解工作性质和工作内容，有助于 INFJ

探索更多的职业选择，以及在入行之前发展相应技能和积累理论知识。

实在无法忍耐，就果断调整工作内容

如果 INFJ 已经投身于职场，且出于客观原因无法离职换工作，那么我建议他们尝试在同一企业内部寻求工作内容调整。可以是申请转岗到同级别的其他职位，也可以是向上司申请改变当前实际接触的工作内容。INFJ 并非喜欢挑剔的性格，一般来说，他们在面对有挑战性的工作时，都会倾向于选择忍耐，努力适应。如果 INFJ 确实难以继续承担当前的工作，那么不妨积极申请调整工作内容，适时的变动或许能带来新机会。

爆发吧，
INFJ 的小宇宙

学习社会心理学，理解人性

如果 INFJ 想要更加积极地面对生活，可以学习心理学，尤其是社会心理学和人格心理学。学习社会心理学可以帮助 INFJ 理解人们在做出反应和决定时的心理路径。例如，旁观者效应可以解释为什么在一些突发事件中，许多旁观者并未采取行动。这并不一定是因为"人都是自私而冷漠的"，其背后有许多复杂的原因。学习社会心理学也能让 INFJ 在审视社会行为时有更多参考依据，从而减少得出单一悲观结论的可能性。

学习人格心理学，化解彼此的误解

学习人格心理学能够让 INFJ 明白人与人之间出现差异是因为不同人的认知和理解模式不同。当对方不理会或不认可自己时，对方未必是出于恶意，许多情况下只是因为有误解。通过学习人格心理学，INFJ 能够更好地应对他人对自己的误解，并帮助他人更清楚地理解自己。

与人打交道，其乐无穷

关于未来从事的行业，INFJ 可以尽可能考虑那些需要与人面对面交流，并且涉及人文和心理知识的行业。例如，人文教育、心理咨询、职业发展咨询等领域都比较适合 INFJ。相比之下，以交易为主要目标的行业，如销售和金融，容易让 INFJ 感到过度消耗，因为这些行业可能会让 INFJ 压抑自己深度洞察和共情的能力，被迫把注意力放在即时促成交易上。此外，如果 INFJ 有意从事 IT 行业，建议提前考虑人力资源、行政等岗位，并在申请职位前做好充分调查。

如何与 INFJ 相处

不要否定他们的善意。

不要对他们说"你好讨厌",这会让他们非常伤心。

不要催促他们做事,这会给他们很大压力。

不要说他们不懂事,他们大部分时间都在忍耐和包容。

不要因为不理解他们的想法就说他们奇怪。

多多告诉他们"你的存在,就是对我的治愈"。

多多给予他们理解,如果不明白,就问问他们为什么这样想。

多多给予他们个人空间,他们能更好地进行自我整理。

多多在他们焦虑时告诉他们,你会和他们一起面对。

多多鼓励他们去阅读文学和心理类书籍,这能帮助他们缓解焦虑。

想对 INFJ 说的话

我知道你常常感到焦虑，

因为你不知道怎样与身边人相处。

但我想让你知道，

重要的不是身边人能否理解你，

而是你是否愿意谅解他们的不理解。

也许他们还需要很长的时间才能看到你所看到的，

每个人都有自己的路，

你不需要为他们而感到焦急。

希望你可以真诚地接纳自己，

你从一开始就被这个世界爱着。

INFP

要有火，在心里，在眼里，在话语里

你是这样的 INFP 吗

INFP 经常被比作轻盈灵动的小蝴蝶，但我更喜欢用"仙子"来形容 INFP，仙子不仅灵动，而且聪颖、脱俗。INFP 对于纯粹的事物有一种内在追求，他们关注事物的内在美，而这种内在美总是与"自由""永恒"等概念密切相关。因此，说 INFP 超凡脱俗并不过分。除此之外，仙子的另一个特点是"来自天上"，而 INFP 的理想主义倾向也常常带给人一种"这个人不是凡人"的印象。

□ 始终追寻精神世界的纯粹意义

□ 用艺术、文字构建灵魂圣殿

□ 对人性阴暗面警觉的道德卫士

□ 备忘录诗人

□ 已读不回"惯犯"

□ 在"我要改变世界"与"床以外都是远方"间反复横跳

□ 深度对话狂热爱好者

□ 对爱人、事业忠诚

□ 路见不平先"脑补"万字雄辩，开口只说"或许……"

李白（唐代著名浪漫主义诗人）

从少年时起，李白就展现出诗文方面的惊人才华，"五岁诵六甲，十岁观百家"，且多才多艺，精通剑术，性格不羁，喜欢四处游历。青年时期，李白离开家乡闯荡天下，在仗剑行酒、踏歌长行的旅途中，最钟情于游览名山大川和饮酒作诗。在这些时刻，李白往往能写出令身边人惊叹不已的诗句。仔细品读李白的诗句，我们可以发现，这位"诗仙"的诗文中不仅蕴含"黄河之水天上来，奔流到海不复回"的浪漫，更深藏"安能摧眉折腰事权贵，使我不得开心颜"的傲骨——这很INFP！

仰望星空，忠于理想

INFP 是浪漫的理想主义者，他们集敏感、睿智、感性与灵动于一身，这让他们具备一种洞察力：如果有人声称自己没有理想，那必定是自欺欺人，因为人人都有理想，只是许多人选择遗忘。理想是一种让人自由的永恒追求，因此向往自由的 INFP 要么已经是理想主义者，要么正在成为理想主义者的路上。对 INFP

来说，理想、激情和自由绝不是酒足饭饱后的一时冲动，而是一种内在的渴望，他们坚信精神文明高于物质文明。INFP 善于感受，能够发现情感净化人心、改变人性的能力，因此他们更容易基于理想迸发出精神能量，给社会带来贡献。

INFP 崇尚"良知"，因为它体现了心灵的力量，为他们的生活赋予了意义。在生活中，INFP 能否充分发挥潜能，取决于他们是否能够问心无愧地做事。他们没办法只基于 99% 的良知去做事，而留下 1% 的余地。一旦决定做什么，他们就必须毫无保留地投入全部精力，去做那些他们认为正确的事情。INFP 常常自我拷问：是否充分尊重自己和他人？是否对自己和他人坦诚？他们无法忍受虚伪，因为纯净的心灵容不下谎言。

感受是 INFP 面对世界的基本方式。他们通过感受来发现一草一木中蕴含的灵性，因此我们可以说 INFP 天生具备诗人气质。他们擅长从自然世界中寻觅生命的情愫，比如"草木有本心，何求美人折""举杯邀明月，对影成三人""昨夜西风凋碧树，独上高楼，望尽天涯路"。INFP 善于从大自然中寻找象征人类情感的符号，理解万物有灵的含义：人的内心既深藏于内，也和大自然有着神秘的联系。就像音乐家用音符引发听众的共鸣一样，INFP 通过感受从万物中理解人的心灵。

🌼 困境

因为心里常怀理想和渴望，所以当 INFP 发现真实的世界并非自己想象中的样子时，理想与现实的差距往往让他们感到灰心丧气、无所适从。沉浸于抗拒和悲伤情绪、选择逃避成了他们应对的方式。INFP 清楚人活着不是为了工作，但是在关注效率的当代社会，当看到身边人为了赚钱可以牺牲健康、时间，甚至尊严时，INFP 就会深感格格不入。在外部压力下，INFP 也会尝试妥协，给自己上紧发条，放下各种想法专心投入工作。但过不了多久，INFP 就会感到虚无、茫然，他们无法忍受缺乏内在激情的生活方式。裸辞、频繁转行、居无定所……这些都是 INFP 在理想得不到实现时的常见表现。

🌸 进阶

发现当下的意义

INFP 在面对看似无意义的工作和学习内容时，首先需要去发现其中的意义。人生很长，从自身发展的角度来看，一切体验都是有意义的，尽管这种意义可能和 INFP 当下的理想缺乏直接联系，但他们需要相信，灵感往往来自看似无意义的活动。当他们回顾人生时，会发现这些看似无关的事件最终会连点成线，形成一条清晰的轨迹。在不喜欢的事情里尽可能找到感兴趣的点，坚持不放弃，这对帮助 INFP 提升毅力、实现理想至关重要。

知道了不想做什么，才能知道真正想做什么

INFP 的工作离不开他们的激情与创造力，这两者是驱动他们全力以赴的关键要素。如果 INFP 对当前工作缺乏兴趣，不妨好好想一想不喜欢当前工作的理由。通过分析不喜欢当前工作的关键因素，比如"过于依赖人脉发展""工作内容重复""缺乏独立发挥空间"等，INFP 得以确定他们真正喜欢的工作一定具备与之相反的特征，比如"不依赖人脉发展""工作内容新颖不重复""具备独立发挥空间"等。把不喜欢的工作当成镜子，照出心仪工作的模样，可以帮助 INFP 更好地选择未来的职业方向。

理解他人的难处

INFP 在面对身边人的功利表现时，常常会感到厌恶，因为他们知道真正重要的是心灵而非物质。然而，INFP 需要更多地站在对方的角度，理解对方当前的认知水平和处境之间的关系。并不是每个人都能像 INFP 一样感受到心灵和生活之间的密切关联。同时，许多人由于童年经历过磨难，面对世界时更容易感到不安，他们因此会选择通过追求物质丰盈来对抗这种不安感。当

INFP 能够更多地了解他人面对有限选项的无奈时，他们就可以在情感上表达理解，并在精神层面给予他人启发。他们会发现，其实身边人并不一定和自己迥然不同，他们只是在此之前不知道还有另外一种视角。

只喜欢走心的社交：追求真实，讨厌虚伪

INFP 有一颗细腻的心，他们更喜欢走心的交流。在和陌生人的社交中，INFP 容易因为讨论的话题缺乏深度而感到腻烦，这让他们渐渐开始回避社交。INFP 确实不喜欢和他人仅仅交流日常琐事，对他们来说，如果聊天内容仅限于吃什么、穿什么，那么比起社交，他们更倾向于找一本书来看。之所以 INFP 对日常话题缺乏兴趣，是因为他们喜欢把注意力集中在理想、激情、人性等在未来能够让自己实现认知升级的话题上，相较而言，日常话题对他们来说则显得缺乏营养。

INFP 善于察觉人们话中的深意，能准确辨别对方是真诚还是虚伪，这得益于他们对情感的感受力。INFP 不习惯在社交中将就，因为他们无法容忍自己在被不尊重地对待后还能若无其事，这使得他们比起社交更愿意选择独处。如果 INFP 因为拒绝迎合他人的虚伪而失去了一个朋友，他们不会为此而后悔，因为他们

无法违背自己的本心。如果 INFP 在交流中感受到了他人的真诚，他们就能轻松地和对方打成一片，这样的体验对他们来说是弥足珍贵的。

🌼 困境

INFP 常因自己不喜欢社交这个问题产生内耗，他们有时会怀疑自己：我是不是个麻烦人物？我是不是太不合群、容易情绪化？不少 INFP 在小时候因此受到过身边人的斥责，比如批评他们不会迎合他人。即便他们已经成年，也依然会受到这类批评的影响，这让 INFP 常常感到不自信。INFP 还会怀疑自己是不是过于敏感和冲动，以致无法像人们赞赏的社交达人那样"大大咧咧"。有时他们会自我谴责，认为这都是自己的错。

🌸 进阶

设立社交边界，不要害怕拒绝别人

INFP 需要学会妥善把控社交距离，不要害怕表达独处的需求。只要在表达时保持尊重的态度，他人就能够理解这个需求。INFP 也许会害怕伤害对方的感情，但我建议，他们应首先做到对他人真诚，因为这是人与人之间友好交流的必要前提。所谓朋友，就是能够在自然状态下友好相处的人。虽然我们知道应该友善对待他人，但这并不意味着我们需要在任何时候都通过委屈自己来满足对方。对于真正适合交往的人，INFP 设立社交边界的做法同样会使他们感到舒适。

倾听、倾听，再倾听

INFP 善于倾听，这得益于他们的天赋。对 INFP 来说，只要愿意静下心来倾听他人表达，他们往往就可以深入对方的内心，继而与其建立深厚的联系。倾听需要足够的耐心，当对方想要表达很复杂的情感时，INFP 可能会怀疑自己的时间是否真的应该用在听对方倾诉上。希望 INFP 能知道，正因为倾听需要耐心，所以善于倾听的朋友才十分宝贵。通过倾听，INFP 能够帮助他人解开心结，在这个过程中，他们自己也会获得帮助他人的满足感，同时收获真挚的友谊。

可以向往灵魂伴侣，但不必执着

INFP 是充满理想且浪漫的，他们期待拥有属于自己的灵魂伴侣，但这种愿望可能会为他们的社交带来一定的负面影响。当他们太过渴望一位完美的灵魂伴侣时，反而难以找到符合他们期许的那个人，这使他们对现实感到更加失望。INFP 对永恒与灵魂契

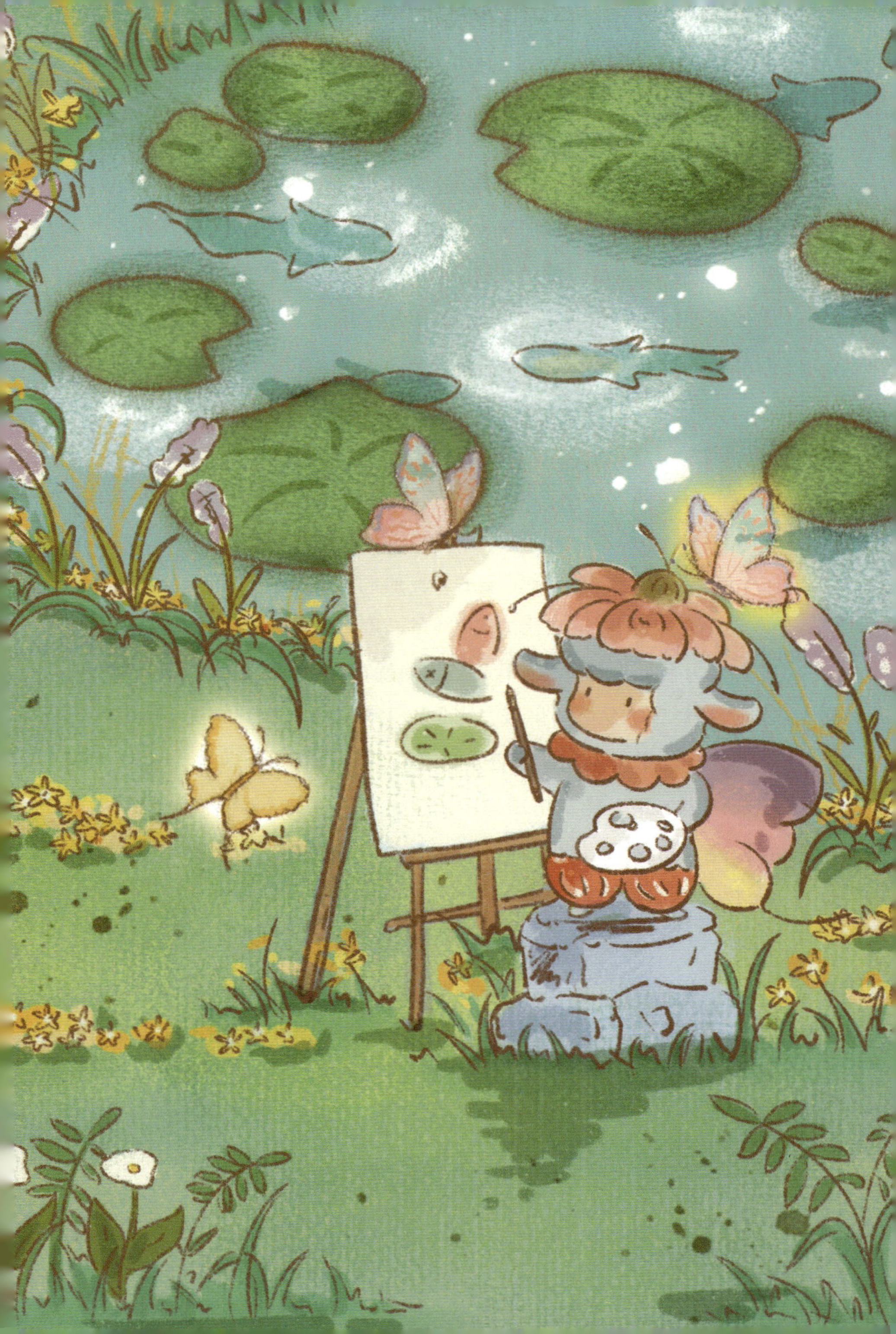

合度的追求是值得肯定的，然而，生活包含许多阶段和维度，灵魂伴侣作为亲密关系的终极体现，往往出现在两个人都经历了许多磨砺之后。当 INFP 苦于这样的人还未出现时，不妨把当下的处境视为一段旅程，珍惜身边的同行者，多欣赏他们的优点，感谢他们的陪伴。这不仅能帮助 INFP 学会对当下知足，还能让他们对未来充满期待，从而在生活中更容易感受到幸福。

宁为玉碎，不为瓦全，忠于内心的工作观

INFP 在工作中奉行完美主义，他们普遍持一种"一旦开始做，就得拿出对得起自己的杰作"的态度。反之，如果只能将就，或者认为手头的工作没有意义，他们就容易"摆烂"。对 INFP 来说，"摆烂"不是因为懒惰，而是因为害怕无法做到完美。INFP 会因工作成果未达预期而否定自己，这让他们十分难受。因此，他们认为如果不能拿出满意的成果，那还不如不要开始，这样可以避免自己陷入自我怀疑。反之，一旦决定去做，就要做到最好。

INFP 擅长创作，尤其适合做对时间和空间都没有约束的创作工作。做没有截止日期和绩效考核压力的工作对 INFP 来说是一种享受，这意味着他们可以像雕塑大师一样耐心打磨作品，如果

不满意，就可以推翻重来。在 INFP 看来，只要能拿出有新意的作品，花多少时间和资源都是值得的。创新是革命性的，而伟大的作品是具有超越价值的，为了创造出这样的作品，不管投入多少都是划算的。

INFP 这种"宁为玉碎，不为瓦全"的创作精神，让他们拥有工作方面的"大后期人格"。在缺乏经验时，INFP 需要一定时间来积累各方面的事实经验，并在此过程中树立心中的理想与追求目标。在积累了足够多的经验之后，他们就会展现出惊人的才华，往往会在文学、艺术、音乐，以及商业设计领域大放异彩。独创性和深刻性，是才华横溢的 INFP 不断展示过的天赋。

🌼 困境

当然，既能随心所欲地依靠灵感进行创作，又能带来丰厚回报的工作是难得的。刚参加工作时，INFP 要面对房租、水电费等压力，加上还不清楚心中真正的追求，这些因素可能会导致他们在面对眼前的工作时缺乏专注，并伴有拖延、散漫的情况。当 INFP 感受不到工作意义的时候，他们还有可能对领导抱有一种抗拒态度，尤其是在领导不能充分尊重他们的独立意识的时候。

选择自由度较大的工作

INFP 在放松状态下更能施展才华，因此越自由的工作，越能激发 INFP 的独创性。这意味着 INFP 可以多考虑那些能允许自己"发呆"的工作，一般来说，这类工作普遍依靠脑力而非体力。自由的工作环境对 INFP 更好地发挥创作力同样有加持作用。咖啡馆是 INFP 的好去处，因为那里既能提供良好的工作环境，又能使 INFP 身处于人群，以适当的距离感受人文氛围。在这里，我要特别提醒 INFP，不要摄入过多咖啡因，可以根据需要选择不含咖啡因的饮品，这对 INFP 保持长期良好的睡眠很重要。

阅读人物传记，找到工作的意义感

INFP 对文字有着天然的亲近感，因此阅读是他们的一大乐趣。在书里，他们不仅可以共情人物的喜怒哀乐，还能了解其心理活动，这对 INFP 善于感受情感的天赋来说，是一种宝贵的精神滋养。如果 INFP 感觉当前的工作缺乏意义，不妨尝试阅读行业杰出人物的传记，这能帮助他们从全新视角去看待自己所从事的工作。INFP 需要对手头的工作形成一种充满人情味的理解，这样他们才能感受到这些工作并非毫无生命力和价值。

先完成，再完善

如果 INFP 正受困于总是害怕自己做得不够好的心理，那么可以试试"先开始，做不好也没关系，后面再改"的思路。职场中，完美可以有很多种解释。按时交付工作、不给其他同事添麻烦，同样可以视为一种完美。这也许和 INFP 对完美的定义有所不同，但工作的本质是团队合作，就像体育比赛中的团体项目一样。例如，在足球比赛中，守门员只要把门守住就是合格的，而不需要亲自射门；在篮球比赛中，控球后卫最重要的任务是组织全体进攻，而不是自己得分。INFP 对工作成果的要求高是值得肯定的，但如果他们能从团体的角度去看待工作，就能明白对团体来说，大多数时候按时完成任务并按要求交付才是最重要的。这样，INFP 就能更加积极地投入精力，而不会因为工作成果不符合个人标准而产生自我怀疑。

爆发吧，
INFP 的小宇宙

爱上文字，享受创作

INFP 善于捕捉文字中的意象与关联。像文学名著《红楼梦》这样一部意象丰富的作品，便深受许多 INFP 的喜爱。即便是未养成阅读习惯的 INFP，也会出于天性而喜欢文字。例如，在网络聊天中，他们往往能用清晰生动的文字给人留下善于表达的印象。文字创作，无论是写小说、诗词、网络博客，还是日记，都能成为 INFP 表达自我的方式。当他们开始文字创作时，不仅能够用书写治愈自己，还能发展写作能力，为他们带来一份收入。

发展艺术兴趣，提升鉴赏力

INFP 对情感的深刻理解赋予了他们出色的艺术鉴赏天赋。当然，如果 INFP 还没掌握相关的基本知识，他们可能暂时无法发现自身在这个领域的才能。艺术是人类情感的意象化表达，擅长解构意象的 INFP 只要投入时间和精力，就能发现其中的乐趣。然而，INFP 会面临一些共性问题：一般来说，从初学到精通一门艺术所需的时间较为漫长，他们会害怕自己没有足够的时间成为大师，以致白白浪费了时间。在这里，我建议 INFP 首先以兴趣为主，投入精力在自己感兴趣的事情上，而不是逼迫自己必须在某个时间节点达成某项目标。享受过程，是艺术带给 INFP 的满足。

发展设计能力，为从事设计工作打下基础

随着科技的发展，人工智能替人类完成了越来越多的工作。但设计作为一种以原创能力为核心的工作，依然有着很大的发展空间，即便是人工智能，也不会彻底动摇设计师的价值。INFP 往往具备出色的审美天赋，稍加培养就能将其转化为商业设计所需的才能，因此广告设计、服装设计、平面设计等诸多设计类岗位都能成为他们的就业方向。如果 INFP 对未来的工作方向没有特别明确的想法，我建议可以考虑设计行业。这个行业对 INFP 来说，既能够发挥他们的天赋，也能为他们提供不错的薪酬待遇。

如何与 INFP 相处

不要说他们矫情，他们很理性。

不要告诉他们要学会察言观色。

不要强迫他们按外界的标准行事，他们十分需要主动性。

不要对他们说理想是不切实际的，尊重他们的梦想。

不要逼迫他们为了生活而低头，他们不会违背自己的本心。

多多鼓励他们发展兴趣，这对提升他们的幸福感十分有帮助。

多多告诉他们你欣赏他们的地方，他们需要被肯定。

多多在他们否定自己时鼓励他们看到自己身上可爱的地方。

多多在他们难过时听他们倾诉。

多多给予他们惊喜。

想对 INFP 说的话

人生漫漫，不要急于立刻实现理想，

旅途的过程，也是一种回报。

当你怀疑自己是否能到达终点时，

不妨回头看看，

你已经走过了这么远的路，

只要稍微再坚持一下，就能看到转机。

当你怀疑自己是否会始终孤独时，

告诉自己，你不会。

你值得拥有你所渴望的，

是那份爱在等着你，而不是你在等着它。

ENFJ

我辽阔广大，我包罗万象

你是这样的 ENFJ 吗

ENFJ 大气而温和，他们在与人相处时不会计较微小的细节，也不会轻易因为他人的话语而生气。同时，他们也是聪明睿智的，善于洞察人们的意图和动机。他们有着极强的共情能力，常常能使他人感到被在意、被关心。ENFJ 善于团结身边人，让大家像家人一样和睦相处。他们给人的感觉通常是像一个大哥哥或大姐姐，哪怕他们的实际年龄小于身边人。

☐ 靠成就他人实现自我价值的引路者

☐ 明知人性复杂，但仍选择相信

☐ 在混乱中缔造秩序与希望

☐ 忽略自己的需求

☐ 坚韧勤勉，在小事上也井井有条

☐ 在各个群中安抚他人情绪

☐ 善于表达自己的观点和判断

☐ 喜欢夸人

白素贞（经典电视剧《新白娘子传奇》的女主角）

修炼千年化为人形的白蛇，为报答前世在机缘巧合之下救下自己的凡人书生许仙，在凡间以女儿身与许仙相遇，并结下夫妻姻缘。白素贞性格爽朗大气，既善于体谅许仙的心意，又能在法海的步步紧逼下尽可能选择不与之为敌，避免伤害他人性命。在她善良之心的驱使下，她甘愿牺牲自己，保全他人，被镇压在雷峰塔下，不见天日。尽管身为妖类，她却以慈悲为怀，最终得偿所愿，与许仙重聚。

人是一切的中心

ENFJ 是以人为本的，他们在思考、说话和行事上，都以人的价值为中心。他们崇尚弘扬大爱的社会理念，对家人之爱、朋友之爱有着深刻的认同。ENFJ 知道人是社会的根本，因此，一切创造都要围绕"使人们感到快乐"这个中心展开。

此外，ENFJ 还崇尚各种能够让人们变得积极的价值观，比

如"看淡物质，看重幸福""看淡当下，看重未来""人生就应该快快乐乐"等。他们之所以如此认同这样的信念，是因为他们本能地意识到，这才是人生的真正方向。他们习惯于从乐观的角度看待人和事，这使他们对生活充满希望。

ENFJ崇尚积极的价值观，并不是为了逃避悲伤；相反，他们深知人生在世难免会感觉悲伤，但正因如此，他们才想要更加积极地面对生命中的每一个时刻。他们相信，无论处境多么艰难，总蕴含着值得欣赏的美好；无论人群多么冷漠，总有温暖的瞬间值得关注；无论当下的时刻多么难过，总有值得珍惜的陪伴和关心。他们始终把注意力放在积极的一面，以此来正视每一次悲伤。当他们这样做时，不仅能治愈自己，还能治愈身边人。

🌼 困境

ENFJ的软肋之一，是他们无法接受亲近之人的背叛。ENFJ亲和待人，即使是对待普通同事，他们也能抱有极大的热情。然而，他们越是敞开自己的胸怀去拥抱他人，越难以承受遭受背叛时的伤痛。这里的背叛并不是指单纯的争执或谎言，而是在重要原则问题上的背离。伴侣的背叛、亲人的背叛、事业伙伴的背叛，这些都相当于在ENFJ的心中插上一把尖刀，让他们久久不能释怀。没有人喜欢被亲近的人背叛，而对 ENFJ 而言，这种行为甚至会让他们丧失对人生的热情。

🌷 进阶

理解他人为何背叛

ENFJ 在遭遇背叛行为时，最让他们感到心痛的，是他们不明白为什么对方会背叛自己。ENFJ 在和亲近的人相处时，会付出自己的绝对真心，有时甚至愿意为对方"掏心掏肺"或"两肋插刀"。正因为他们付出得太多，所以他们格外想不通为什么对方可以如此狠心。在这种情况下，他们会怀疑自己内心一直坚信的价值观，比如"付出就有回报""爱就会被爱"。一旦这种价值观被动摇，他们就会面临内心崩溃的困境。

不要怀疑自己的信念

在遭遇背叛行为时，ENFJ 最先需要做的，并不是明确对方背叛的动机，而是坚信自己一直以来秉持的"爱的原则"并没有错。当我们去爱一个人时，这份爱即便没有在当下得到很好的回应，也会以另一种方式结出果实。对方可能会在未来理解并回应我们，或是以无形的祝福去滋养彼此未来的人生。爱一个人，从来不是错的，也从来不是不值得的。

宽恕、宽恕、宽恕

在确认了自己的信念没有错之后，ENFJ 就需要学会宽恕他人了。宽恕他人的关键在于，认识到他人可能并不知道我们所知道的，也未能感受到我们所感受到的，甚至对自身行为造成的伤害并不完全知情。人在做出背叛行为时，可能是出于误解、无知，或是出于一时经受不住诱惑，而这些说明对方不是发自内心地想要背叛我们。每个人都会因为各种原因犯错，包括 ENFJ 自己，尽管他们可能不会做出背叛他人的行为。正因为每个人都会犯错，我们才需要宽恕彼此，这才是真正的爱。

社交活动的组织者

ENFJ 在社交中总是表现得体，这是他们对自己的首要要求。在需要热闹的场合，他们可以热情如火，与大家一起畅所欲言；在需要安静的场合，他们可以保持低调，默默察言观色；在需要幽默的场合，他们可以妙语连珠，逗笑身边人；在需要严肃的场合，他们又能正襟危坐，讨论大爱与正义。

  ENFJ 既不惧怕社交，也不会因社交感到精疲力竭。在多数社交场合中，ENFJ 往往都能扮演协调者的角色。他们既可以成为中心人物，引领话题，也可以做烘托气氛的中坚分子。一般来说，他们不会在社交场合中完全保持沉默，而且有 ENFJ 在的场合，往往不会冷场，因为他们善于察言观色，能够在第一时间填补任何社交空白。

对许多人来说，和 ENFJ 交流是一件快乐的事，因为 ENFJ 擅长鼓励和肯定他人，善于发现并欣赏他人的优点。ENFJ 有一种"超能力"：不管对方是谁，他们总能找到对方值得认可的地方。他们从不吝惜自己的喜爱和赞赏，因为他们发自内心地相信，任何人都需要被肯定。对 ENFJ 来说，社交不仅仅是聊天、吃饭，更重要的是彼此互相给予情绪价值。

🌼 困境

ENFJ 对社交活动的热情显而易见，但他们讨厌"势利"。如果在社交场合遇到极为势利的观点，他们虽然不会直接驳斥，但内心仍会感到不舒服。对 ENFJ 来说，社交是一种发自内心的情感交流，而不是"看人下菜碟"的权衡行为，更不是单纯为了迎合某人而组织的吹捧活动。因此，当 ENFJ 不得不面对势利的观点时，他们的内心就会感到非常痛苦。

🌸 进阶

不要压抑自己

ENFJ 不喜欢在社交场合与人直接发生冲突，因为他们总是顾及所有人的感受。他们倾向于压抑自己内心的不同意见，以维护整体的和谐，至少是表面上的和谐。然而，如果因此不敢与持不同观点者进行必要的沟通，ENFJ 就会感到压抑。我建议，ENFJ 不妨在维护和谐的基础上试着表达自己的观点。

不要只看重表面的和谐

和谐固然重要，但和谐不能建立在人人都选择"睁一只眼闭一只眼"、对虚伪和势利视而不见的基础之上。如果 ENFJ 真心尊重社交场合中的每一个参与者，就要意识到，自己一定不是唯一一个持有不同意见的人，一定有不少人和自己想法一致。为不敢言者发声，是一种实现真正和谐的方式。ENFJ 有着出色的表达能力，完全可以带领大家去做这件事。

考虑长期价值

ENFJ 可能会担心，表达不同意见会让社交活动的组织者感到尴尬，甚至"下不来台"。然而，从另一个角度来看，如果 ENFJ 压抑自己的真实想法去迎合势利的观点，也可能会使其他参与者因为无人表达真实观点而失望。渐渐地，大家都会对这个活动的组织者感到失望，这显然不是组织者想看到的结果。从长远的角度来看，勉强维持表面的和谐，不一定比仗义执言更合适。

以人为本的工作观

ENFJ 的工作态度同样以人为本。在与人合作的基础上进行让人幸福的创造，这是 ENFJ 最开心的事。相比之下，ENFJ 并不热衷于单纯的个人业绩竞争，他们更希望可以和集体一起成功，因为这样能够看到大家的笑容。不论 ENFJ 在什么样的环境下工作，他们的注意力总是会放在维护整体士气上。

ENFJ拥有善于和人相处的天赋，这使他们非常适合做那些直接与人打交道的工作。教育行业、医疗行业，以及服务行业都是能让ENFJ充分发挥天赋的行业。ENFJ可以在需要人文关怀的行业里得到不错的发展。相比之下，单纯以达成交易为目的的行业不大容易激发ENFJ的从业兴趣。因为在这类行业中，他们难以在工作场合中与人相互传递情绪价值，反而不得不压抑自己的共情能力。

比起需要高度关注细节的工作，ENFJ更善于通过与人交流来创造价值。对精细度要求太高的工作会让ENFJ感到疲惫，因为比起微观分析，他们更倾向于宏观思考；比起和数字、报表打交道，他们更加愿意和人打交道；比起匠人精神，他们更加崇尚仁爱精神。

🌼 困境

ENFJ通常不喜欢竞争激烈的环境，因为在这样的环境下，人与人之间的情感连接会被弱化，取而代之的是以效率和竞争力为导向的团队协作模式。当ENFJ不得不为了自身业绩而与他人展开竞争时，他们会倍感压力。此外，ENFJ对"为了做而做"的机械性任务缺乏兴趣——他们的核心关注点始终是人，而不是把一件事完成。当ENFJ被迫压抑自己的感情，把同事都当成对手时，他们就会感到痛苦。

🌸 进阶

不必强迫自己

如果当下的工作环境使 ENFJ 非常痛苦，那么除非迫于生存压力不得不维持工作现状，ENFJ 最好还是考虑换工作或转行。即便当下无法离职，也应提前做好未来换工作的计划。我之所以这样建议，是因为 ENFJ 选择工作完全不必局限于自己的专业领域，他们真正的优势在于提供情绪价值的能力。在人工智能快速发展的现代社会，这种以人为本的特质正变得越来越珍贵。可以说，善于与人沟通的 ENFJ 完全不必担心职业前景。

获得领导理解

如果 ENFJ 依然决定继续从事当前工作，我建议他们优先尝试与上级领导加强沟通，依靠自身出色的交流能力赢得领导的信赖。在竞争激烈的环境中，能否得到上级的支持将直接影响 ENFJ 的工作成效。但需要注意的是，不应为了迎合上级而一味投其所好，因为这会牺牲人与人之间最重要的合作基础——真诚的态度。

创业——自己做领导者

如果 ENFJ 决定转行，但苦于找不到与自身工作经历匹配的行业，不妨考虑自主创业。ENFJ 具备出色的人际交往能力和大局观，拥有充沛的活力，他们还善于带动他人，这些特质都是创业的先天优势。从 ENFJ 以人为本的价值观来看，最适合他们的创业方向是创建小型服务企业，例如餐厅、文化活动中心或亲子娱乐场所。简而言之，打造一个如家庭般温暖的中小团队，并且和客户建立朋友般的融洽关系，这是 ENFJ 的强项。

爆发吧，
ENFJ 的小宇宙

通过文学作品提升素养

如果 ENFJ 想要充分发展个人天赋，可以多阅读文学作品，以进一步提升人文素养和语言能力，使他人在与 ENFJ 的交流中感到如沐春风。ENFJ 对发挥人际影响力充满热情，因此，"腹有诗书气自华"无疑更为 ENFJ 加分。

基于兴趣进行创作

如果 ENFJ 想进一步提升为他人带来幸福的能力，可以尝试文学创作，例如写散文或诗歌。ENFJ 天生善于表达，如果能够进一步发展这项能力，他们在传递思想和表达情感时将更加游刃有余，这对他们来说极具价值。此外，文学创作还能帮助 ENFJ 发展想象力和创造力，这对于他们解决问题、创造价值同样有帮助。

多与逻辑思维能力强的人交流

　　ENFJ 对纯粹的逻辑思维兴致较低，如果想要改善这一点，建议在生活中多与逻辑思维能力强的朋友们相处。对 ENFJ 来说，发展逻辑思维的有效方法之一是向这些朋友请教，就自身面临的实际问题寻求建议。在此过程中，ENFJ 能够接触到不同的思维方式，并从中汲取灵感。

如何与 ENFJ 相处

不要在他们表达时刻意打断。

不要在他们面前无视社交礼仪。

不要在与他们交流时一味表达自己的想法。

不要无视他们的观点和建议，尊重他们的宝贵意见。

多多肯定他们，就像他们乐于肯定你一样。

多多和他们交流感受，他们乐意听你表达。

直接告诉他们你的想法，但要记得尊重他们的感受。

多多给他们准备一些惊喜，比如小礼物或小贺卡。

多多给他们拥抱，让他们知道你因他们的存在而幸福。

想对 ENFJ 说的话

你是春水，

你是暖阳，

你是冬天里的篝火，

你是夏日里的清风，

你是枝头的喜鹊，

你是沙漠中的绿洲。

你热爱这个世界，

这个世界也喜欢你。

愿你永远乐观坚定，

因为你就像家人一样，

是我们心中不可或缺的存在。

ENFP

听一万种声音，但只成为自己

你是这样的 ENFP 吗

ENFP 总是被称作"快乐小狗"并非没有原因，他们真的……真的非常可爱。说他们可爱不是因为他们善于讨好他人，而是因为他们是所有人格类型里最孩子气的。孩子的可爱从不靠表演，他们天真无邪，天马行空。ENFP常常在生活中传递着孩童般的快乐能量，让每一个走进他们世界的人都被深深感染。

□ 能量满格的快乐传染机　　□ 灵感的价值高于一切

□ 注意力容易分散　　　　　□ 受热情驱使，而非意志

□ 天生的社交达人　　　　　□ 适应力强，擅长应对变化和

□ 三分钟热度，有很多本看　　　危机

　　了一半的书　　　　　　□ 分享欲旺盛

□ 讨厌例行公事

苏轼（宋代著名文学家）

作为中国历史上顶尖的豪放派词人、"唐宋八大家"之一，苏轼不仅在文学上造诣极高，还以乐观积极的心态闻名。无论在政治生涯中遭遇了什么挫折，他都能坦然面对，在被贬谪到某地后也能安然处之，甚至还能开发当地美食，比如自创名菜"东坡肉"。苏轼一生行事磊落，作为官员，他爱民如子，在各地为官期间心系百姓，做了很多利国利民之事。他兴趣广泛，既擅长文学创作，也精通书法和绘画，是一位通才大家。

快乐第一

ENFP 认为快乐至上，这种快乐是指发自内心的喜乐，就像一个孩子得到了心爱的玩具，然后带着这个玩具去给身边的小伙伴们看，和大家一起开怀大笑。ENFP 喜欢笑，因为这是他们发自内心表达快乐的方式。如果不让他们笑，对他们来说是一种压抑。当 ENFP 开怀大笑时，所有人都能感受到那笑声中蕴含的乐观与纯粹。

ENFP 像天真的孩子，因而他们拥有一种超乎常人的豁达，尤其是在面对那些让人容易感到焦虑的事件时，他们往往能泰然处之。当然，这不是说他们平时总是很镇定，而是他们更喜欢保持开心，用快乐去代替一切忧愁和担心。ENFP 在遇到烦心事时，会倾向于通过"找乐子"的方式去排解。他们热爱"游戏"，不过不是电子游戏，而是在生活中通过各种方式发掘各种事物的乐趣，比如观察天空中变幻莫测的云彩。

我说我最怕人生没意义，你说你最怕小虫子

🌼 困境

世上总有些悲伤是不得不独自面对的。当 ENFP 像孩子一样，不管多么积极地去面对，却仍无法让自己笑着看待某件事时，他们可能就会陷入深深的忧郁之中。这种情况下，他们会表现得异常消沉、失魂落魄。他们会变成与平时那个快乐小孩截然相反的样子：自我封闭、充满怀疑，甚至歇斯底里。

🌸 进阶

信念的力量

信念是让人在人生的暴风雨中持续前行的动力。当 ENFP 面对无法逃避的悲伤时，需要在心中不断回想自己的信念：任何经历都可以用积极的方式去看待。哪怕是一场悲痛的遭遇，至少也能让自己从中学会一些道理，成长一大步，并因此更能在他人经历同样遭遇时给予宽慰。

意识到自己痛苦的原因

虽然 ENFP 性格活泼、乐观，但在面对生活中的大多数问题时，他们往往选择独自应对，因为身边人遭遇困难时，大多选择

沉默或消极应对，这使得 ENFP 在遭遇困难时常常也只能自己去寻找办法、保持快乐。因为没有人陪伴他们一同去积极地寻找快乐，他们只能独自前行，所以他们也常感孤独。这也是 ENFP 在遭遇无法独自克服的痛苦时，会格外难受的原因。

给他人一个机会来拥抱自己

当 ENFP 伤心难过时，一定不要忘记：你不需要一个人独自扛起这份悲伤，虽然平时一直是你在鼓励他人积极向上，但这一次，也可以允许他人来为你加油打气。在 ENFP 心里，他们有时会担心，如果自己不能以积极的态度示人，他人可能会因此不再喜欢自己。这种想法虽显幼稚，却也可爱。确实，并不真正了解 ENFP 的人，或许真的会因为看到他们消极的一面就对其避而远之，然而，真正的朋友不仅不会因此离开，反而会趁此机会更加紧紧拥抱他们，因为他们是如此珍贵。

人群中的开心果

ENFP 是人群中的开心果，对 ENFP 来说，他们最喜欢的社交环境是一个可以无拘无束、放声大笑的地方，而不是必须按照某种社交礼仪行事的场合。因此，我们可以说，虽然 ENFP 是性格外向的、活泼的，但他们并不喜欢"传统"的社交，就像孩子们不喜欢在逢年过节时，被迫坐在一旁，例行公事地给许多自己不认识的亲戚拜年一样。

虽然 ENFP 不喜欢过于正式的社交场合，但他们对非正式的社交玩乐活动却是满心期待。在玩乐活动中，ENFP 往往是中心人物，他们喜欢和那些能够纵容自己"肆意妄为"的朋友们一起玩，而当身边人和 ENFP 在一起时，也会被他们带动，变得和他们一样孩子气。

ENFP 与最亲近的人相处时，未必会像平时和朋友们在一起那样活泼欢乐，反而常常展现出最深情的一面。可以说，ENFP 在和朋友们相处时像孩子，但与至亲之人相处时却表现得成熟而深情。这种反差的出现是因为他们与至亲之间不需要通过任何外在表达来拉近距离，因为他们早已经亲密无间。当两个人亲密无间时，ENFP 只想感受彼此之间的平静与安宁，喜悦自然也蕴含于这份平静与安宁之中。

🌼 困境

ENFP 不喜欢循规蹈矩的社交方式，因此在与长辈相处时容易遭遇挑战，尤其是当长辈十分看重礼数和规矩时。在 ENFP 的童年时期，如果监护人用过于严苛的方式教育他们，ENFP 会感到压抑、难受，甚至厌恶。ENFP 性格开朗随性，因此很难在被要求遵守特定礼节时做到精准无误，如果因此受到批评，他们可能会在童年时期积累自卑感。这种自卑感会在他们未来遭遇挫折时再次出现，成为他们的困扰。

ENFP
听一万种声音，但只成为自己

🌸 进阶

重新审视童年

当 ENFP 感到自卑时，往往会唤起他们的童年回忆，尤其是那些被指责和批判的经历。这些回忆会使他们更加自卑，进而让他们变得封闭，甚至沉浸在过去的伤痛中。ENFP 要走出这种伤痛循环，唯一的办法就是学会以另一种视角去看待曾经的遭遇：那些批评并非因为自己可恶可憎，也不是因为父母长辈不爱自己，而是因为他们不了解 ENFP 的天赋和性格。

理解人人不同

只要 ENFP 把过去的伤痛归因于自己不够好或他人不爱自己，他们就永远无法从伤痛中走出来。事实上，既不是 ENFP 不够好，也不是他人真的憎恶 ENFP，而是每个人生来不同，被赋予了不同的天赋和才能。常人能做到的，ENFP 未必擅长；而 ENFP 能做到的，他人同样未必能做到。

不通过否定他人来肯定自己

有时，ENFP 可能会以另一种方式看待过去的伤痛，即认为自己的痛苦都是他人的错误造成的。这种方式弊大于利，因为它类似于饮鸩止渴，以痛止痛。当 ENFP 通过否定他人或把责任转嫁给他人来肯定自己时，他们实际上是在贬低他人的价值，进而削弱他人意见的可参考性。这种方式的"毒性"在于，它的出发点本身就是负面的。ENFP 真正需要做的是，既正面看待自己，也不否定他人。因此，我建议 ENFP 以"君子和而不同"的态度看待过往经历。

创意天才

ENFP 的天赋在于灵感和创意，因此，他们无疑是创作型人才，在人文创作领域具有得天独厚的优势。文学、美术、音乐、设计、影视……任何与"美"有关的行业，都是 ENFP 展现天赋的舞台。唯一能够限制 ENFP 的，只有他们自己。

就像 ENFP 不喜欢循规蹈矩的社交方式一样，他们也不喜欢按部就班的工作。因此，被大多数人视作"正常"的职场，并不是 ENFP 真正发挥天赋的地方。这些地方往往过于重视效率，而忽视了灵感和创意的重要性。在这种环境中，ENFP 的表现就会受到限制。

尽管 ENFP 是 E 型人格，但他们善于独立工作，并能对自身感兴趣的创作内容保持惊人的专注。相反，如果工作内容无法吸引 ENFP，即使有丰厚的物质奖励，他们也难以保持专注，甚至可能变得慵懒。趣味和自主性是 ENFP 的天才引擎得以发动的燃料。

🌼 困境

迫于生计无法从事创作，或因缺乏相关技能而被迫枯燥"搬砖"，是年轻的 ENFP 常常面临的职场难题。在客观条件限制下，ENFP 只能默默从事对自己而言毫无趣味的工作，每天盼着下班时间的到来，以获得自由和解放。对 ENFP 来说，这种职场生活缺乏生机，他们很难从中获得满足感。

🌸 进阶

积极提升能力

如果 ENFP 想要结束"无聊"的职场生活，就必须立即开始学习与创作相关的基础技能。技能是创作天赋得以发挥的助力，没有必要的技能，就像一只鸟儿没有强健的翅膀，无论梦想多么美好，都无法展翅高飞；技能是灵感得以展现的基础，没有扎实的技能，就像一栋大楼没有牢固的地基，无论外表多么华丽，也难以屹立不倒。

边创作边学习

ENFP 可能会有一个现实顾虑："如果我现在才开始学习创作，可能需要很多年才能具备职业创作的能力，那么在此之前我是不是只能忍耐？"对于这个问题，我建议 ENFP 先开始创作，边创作边学习。

传统的创作路径是先学习再创作。这种方法的好处是能够先积累扎实的技巧，再寻找创作灵感，一旦灵感出现，就能一气呵成。这种路径之所以被称为传统路径，是因为过去的创作往往是以一次性完成一幅画作或一首乐曲为目标，创作动机是一鸣惊人，甚至青史留名。

然而，在现代社会，以创作为职业的工作已不同于过去那种贵族赞助艺术家、艺术家为之奉献才华的模式。现代创作者通过创作来维持自己的生活，他们的作品面向普罗大众，创作意图是通过艺术表达引发大众共鸣。鉴于这种本质上的差异，现代创作更适合 ENFP 率先投入其中，并在此过程中持续学习，而不必先成为技能上的通才。此外，随着科技发展日新月异，过去那种"十年磨一剑"式的技能学习已无法适应现代创作工具的快速迭代。因此，先大胆开始创作，在实践中不断精进技能，才是 ENFP 适应当下社会的最佳模式。

爆发吧，
ENFP 的小宇宙

阅读名著

随着 ENFP 的社会阅历不断增加，他们若想始终保持孩子般的天性——这也是他们灵感和创作的源泉——就需要更多地了解人性，洞察生活，以应对社会中众多与自己相冲突的观点。我建议 ENFP 应广泛阅读文学名著。之所以强调这一点，是因为那些经久不衰的作品中往往蕴含着超越时间的深刻道理，ENFP 能从中汲取智慧与养分。

养成锻炼身体的习惯

如果 ENFP 想要长期保持开朗的情绪，那么他们需要重视体育锻炼。不一定是剧烈运动，哪怕只是每天散步 30 分钟，也能为 ENFP 带来巨大的长期益处。ENFP 需要通过锻炼来释放积累在体内的压力，让身心达到平衡状态。

如何与 ENFP 相处

不要在细节上对他们要求太严苛。

不要在他们开心时泼冷水。

不要调侃他们的长相。

不要在背后对他们进行负面评论，他们知道了会十分难受。

不要在他们难过时逼迫他们进行理性思考，他们需要的是共情。

多多告诉他们"你超级可爱"。

多多在他们开心的时候和他们一起傻笑。

多多肯定他们的天赋和才能，他们自己常常忘记自己拥有这些天赋和才能。

多多在他们难过的时候陪伴他们，逗他们笑。

多多重视他们的悲伤，他们的悲伤与开心一样重要。

我说我最怕人生没意义，你说你最怕小虫子

想对 ENFP 说的话

你是向日葵，

永远面朝阳光。

人生中起起伏伏是常事，

但愿你永远保持天真。

你是一面镜子，

能照出他人的善恶，

但要记得，生活中大部分矛盾源于彼此之间的误解。

此刻不喜欢你的人，未必永远不喜欢你；

此刻喜欢你的人，依然要经历时间的考验。

当你善待他人时，总是能展现出最可爱的一面；

当你为负面情绪所困时，要记得那不是真正的你。

如果难过，就尽情倾诉，

自会有人珍惜你的眼泪。

INTJ

我与我周旋久，宁作我

你是这样的 INTJ 吗

INTJ 常常给人一种"幕后大佬"的印象，因为他们让人捉摸不透，总是给人一种"一切尽在掌握中"的感觉。事实上，INTJ 的内心是敏感的，但他们喜欢用睿智来掩饰这份敏感，并通过精心的计划与准备，谨慎应对一切不确定性。INTJ 总是在审视自己的人生，他们的头脑中充满了需要权衡的观点。他们在彻底理清轻重缓急之前，通常不愿意让外界知道自己在想什么。正因如此，他们说话做事往往带有一种稳重感。

☐ 五年计划制订者　　　　☐ 社交节能模式默认开启

☐ 情绪？弱者的借口罢了　☐ "B 计划"专家

☐ 效率"卷王"　　　　　☐ 喜欢独处

☐ 只会靠递解决方案安慰人　☐ 理性行动是舒适区

☐ 世界的旁观者

孙武（《孙子兵法》作者）

孙武是一位世界级的兵法大师，他生平用兵讲究"不战而屈人之兵"，他所强调的并非单纯的胜利，而是尽可能减少损耗，避免伤亡。孙武一生谨慎，他的战略思想超越了常规战术思维，不仅带领吴国战胜楚国，还在事成之后功成身退，留下了流传千古的军事著作。

外表现实，内心浪漫

INTJ 在看待人生时，常常兼具浪漫主义和现实主义。在内心层面，INTJ 是火热的，充满理想和渴望；但在现实层面，他们容易感到悲观，因此常以冷眼看世界。INTJ 在审视美好时，往往会意识到美好的短暂性，这使得他们在遇见或体验美好的事物时能够倍加珍惜。当无法体会美好时，一方面，INTJ 常常在心中回味那些体验，这让他们的心灵充满了浪漫主义色彩——越是抓不住的，就越发想要去感受；另一方面，INTJ 又无法忽视那些阻断美好体验延续的因素，比如人性中的自私、自身力量的有限，这些复杂的因素让 INTJ 感到过载，因此他们寻求能够掌控自身处境的方法，并以现实主义的视角去计划一切可计划的行动。

对 INTJ 来说，真正的价值建立在可持续性之上。如果一种状态或存在不可持续，那么首先要做的就是稳固它的根基，就像建造高楼之前需要先巩固地基一样。《孙子兵法》里提到："其疾如风，其徐如林，侵掠如火，不动如山，难知如阴，动如雷震。"其中的"不动如山"就是指在面对变动的环境时，首先要使自己稳固，不轻易动摇。在 INTJ 的字典里，"稳定"是冷静观察的基石，是一切追求得以进行的基础。INTJ 会用冷静的逻辑和犀利的问题审视生命中遇到的人和思想，凡是让他们感到稳定的，他们就接纳；凡是让他们感到不稳定的，他们就敬而远之。

然而，尽管 INTJ 表现得冷静审慎，但他们的内心却并非如此。INTJ 的内心追求是浪漫的，他们想要通过最现实的手段，去实现自己最不现实的理想，无论是追求一个心爱之人，还是构建一个乌托邦。他们不允许他人嘲笑自己，但自己却会嘲笑自己，而且比他人更犀利。即便如此，他们仍然会去热烈地追求心中的理想。他们的理想可能是找寻一座古老的圣殿，或是一个曾经存在现在却已消失的奇迹，又或是一种名为"永恒热烈"的意志——"爱"。

🌼 困境

INTJ 常常陷入矛盾之中。他们在面对令人沮丧的现实时，如果找不到能够改变现状的方法，内心深处便会产生一种无力感，这种无力感与他们心里的那份浪漫而热烈的追求形成鲜明对比，使他们感到迷茫。当对美好的追求战胜了无力感时，他们就会变得勇敢而充满信心；然而，如果在现实生活中不断传来诸如欺骗、犯罪、冷漠和背叛等负面消息，他们的无力感就会增加，他们甚至开始怀疑：也许生命的存在本身就是一种荒诞。

🌸 进阶

减轻压力

INTJ 在面对难以调和的理想与现实的矛盾时，不妨先停下来审视内心挣扎的源头：一切都要自己解决吗？一切目标都必须在自己有生之年完成吗？如果无法彻底改变现状，自己的努力就毫无意义吗？ INTJ 常常有一种孤勇者的责任感，想要以一己之力带来大规模的改变，然而，这份责任感也可能让他们背负过重的负担，仿佛人类的命运都压在自己的肩上。因此，INTJ 首先需要减轻这种自我压力。

相信他人

对 INTJ 来说，相信世界上有许多人与自己有相同的想法并非易事，因为他们不会单凭言语就轻易相信他人，而是需要看到实际行动。对于那些给自己施加过多压力的 INTJ 来说，他们应该多观察和体会那些"微小的善意"和"瞬间的温暖"，即人与人之间那些常常被忽视的关心和在意。也许直接发现"大英雄"或"大勇者"的概率并不高，但从微观角度看，每个人都有为他人的幸福而付出的时刻。真正改变世界的，很可能是无数人在微小时刻中的善意选择。

不被负面消息影响

历史的记录者常常会选择记载重大事件，因此历史中总是充斥着战争或者灾害，而和平年代和美好岁月则被一笔带过。许多网络新闻为了吸引人们的注意力也倾向于报道负面消息来博眼球，INTJ 容易受到这些负面消息的影响，因此我建议他们可以一方面通过与身边人互动来感受真实的温度，另一方面通过文学与音乐为心灵带来愉悦。这会帮助 INTJ 对世界、人性以及个人追求重拾信心。

社交，是为了学习

INTJ 对社交有两种态度：如果是能促进彼此的知识量增长的社交，他们十分欢迎；如果是单纯的嘘寒问暖或"拉关系"，他们则不愿参与。INTJ 在人群中常常会感到无所适从，因为在 INTJ 看来，人群的关注点往往缺乏主旨，难以实现深度交流。

INTJ 喜欢与有知识、经验以及深度见解的人一对一交流。因为在这个过程中，他们可以向对方提出许多自己感兴趣甚至私密的问题，而不必担心会冒犯其他人。INTJ 喜欢专注而有深度的探讨，一个能够带给 INTJ 新的认知或新奇见闻的交谈者，对 INTJ 来说如同宝藏。INTJ 可以与这样的人朝夕相处，直到各自奔赴使命之时。

INTJ 在面对无中心、无重点、无深度的交谈内容时，会表现出十分明显的回避倾向。我们可以这样理解 INTJ 这种回避倾向的出发点：时间宝贵，应该花在真正重要的事情上。当然，INTJ 并非对所有社交对象都是这样。他们对待亲人和恋人时，反而能做到有求必应，因为他们认为在这些关系中，给予对方更多关注是必要的。然而，INTJ 不会在所有场合、对所有人都如此"慷慨"，在他们看来，这也是一种珍惜对方时间的表现。

🌸 困境

由于 INTJ 对社交话题质量有着很高的要求，所以他们在被迫参与的社交活动中往往会感到痛苦。无论是在学校、工作还是家庭环境中，都有不得不参与的社交场合，最让 INTJ 头痛的情况是：既不能推辞，也不能在活动中表现得过于冷漠，否则难免让邀请自己参加的好友或亲人不快。在这些场合中，INTJ 只能强迫自己表现得随和友善，但由于实在缺乏兴致，又难免在不自觉中流露出疏离感，这常常让他们感到内耗。

🌸 进阶

理解自身的内耗

INTJ 的内耗感主要源于对社交话题不感兴趣却又不得不参与社交。对 INTJ 来说，或多或少会迫于人际压力而不能按照自己的思想意志行动，这对他们的深层信念构成了挑战：如果连不感兴趣的社交活动都不得不参加，是否意味着自己根本无法掌控自己的人生？是否意味着自己不管如何努力、计划和思考，总会有违背自身想法的、被迫迎合他人的事情要做？

当 INTJ 能够意识到自己在社交方面的内耗感主要来自"掌控

感丧失"时,他们就可以在面对未来的社交邀请时更多地考虑并尊重自己的感受,思考自己是否真的想去,是否真的没有拒绝的权利,如果答应参与是因为别无他法还是主动选择照顾亲友的感受。INTJ 降低内耗感的秘诀,在于从感受层面理解自己做出决定的主动性。这样一来就能避免他们在参与社交活动后产生自我怀疑。

自律,善于计划的职场战士

INTJ 对待工作严谨认真、高效自主。他们在任何工作中都有着自律性,并且是多个领域的全能选手。INTJ 之所以有如此高的职场适应力,是因为他们一方面善于洞察事物的本质,另一方面善于应用逻辑思维。这两种天赋使他们无论做什么工作都能快速找到诀窍,并且在实际工作过程中有最佳表现。

INTJ 不仅有着出色的问题处理思维,还有着极佳的计划和执行能力,一旦制订计划就能以超高的专注力执行,唯一的限制就是他们自身的体力。也正因 INTJ 有超高的执行力,所以他们被许多职场管理者视为最能干的下属,被同事视为最有竞争威胁的人,被下属视为最"恐怖"的上司。INTJ 在工作方面非常严肃认真,常常不会放过任何细小的谬误,这既为他们赢得了领导的信赖,也给他们的下属留下了"这个上司不好糊弄"的印象。

无论是科技界、金融界、文化界还是大众消费领域，都能见到 INTJ 认真工作的身影。原因很简单：只要有职场的地方，就有 INTJ 发挥价值的空间。对 INTJ 来说，他们通常想要作为中心人物去调度和指挥，自己坐镇中央，时刻观察并为他人提供指导意见。在达成这一目标之前，INTJ 并不介意作为一名"小兵"去执行基层工作。然而，他们理想的工作模式始终是处于决策枢纽位置，这能最大程度发挥他们的洞察和分析天赋。

🌼 困境

INTJ 在工作方面的两种挑战

第一种是从事纯粹的服务型工作。这类工作通常需要与被服务对象面对面相处，要求具备较高的社交热情。INTJ 在这类工作中往往会感到疲乏。

第二种是面对需要"处关系"的职场环境。由于 INTJ 的注意力集中在工作内容和战略决策上，和同事建立工作之外的关系并非他们所长。因此，越是需要通过"投其所好"来实现合作的职场，越让 INTJ 感到力不从心。

🌸 进阶

理解工作中的反感情绪

INTJ 对于"察言观色"和"投其所好"抱有反感情绪，尤其是当他们必须放下更重要的事，而去专门花费精力与他人"处关系"时。相对而言，第一种挑战对 INTJ 来说更容易接受，因为毕竟在服务型工作中与被服务对象互动属于工作内容；而第二种挑战则更多涉及工作之外的任务，尤其令 INTJ 反感。我建议正面对第二项挑战的 INTJ 可以果断考虑换工作；如果是正面对第一种挑战的 INTJ，则可以抱着学习的态度再坚持一段时间。

没有必要强迫自己违背天性

之所以建议 INTJ 在面对第二种挑战时直接考虑换工作，是因为强迫自己适应规则外之规则往往得不偿失：即便 INTJ 强行改变自己，建立适应当前环境的社交习惯，也会弱化他们天生"直来直去"的优势，使他们变成无法专注于解决问题的"生锈钉子"。INTJ 并不擅长社交，他们是实实在在的"能抓老鼠的猫"。如果为了适应需要"拉关系"的职场而变成"宠物猫"，他们不仅无法转型成功，还可能丧失原有的能力。因此，在这种环境下，我建议 INTJ 早做打算，果断选择更适合自己的新环境。

暂时的忍耐奠定日后的腾飞

之所以建议 INTJ 在面对第一种挑战时再坚持一段时间，是因为尽管他们不擅长服务型工作，但一方面，当他们晋升到管理岗位后，就可以渐渐告别一线工作，转而发挥自身的洞察力和指挥能力；另一方面，即便日后选择转行，当前的这份工作也能为他们积累与人打交道的宝贵经验。

爆发吧，
INTJ 的小宇宙

积极储备知识和技能，解决实际问题

　　INTJ 在自由散漫的环境中也许难以发挥天赋，但在需要决策和解决实际问题时，他们则如"蛟龙入海"。当 INTJ 在校园阶段有了充分的知识与技能储备，并在工作中积极实践之后，他们就能轻松发现自己很擅长"打仗"。对 INTJ 来说，世界是一个充满问题的考场，而他们热衷于通过运用洞察力和分析力解决一道道难题，这为他们带来很强的价值感。可以说，INTJ 是当代职场中的"骄子"。

我说我最怕人生没意义，你说你最怕小虫子

实践利他，扎根良知

对于已经进入社会的 INTJ，我强烈建议他们学习著名企业家稻盛和夫的利他哲学。稻盛和夫在企业管理和个人长期发展方面有着极具借鉴意义的人生经历。他的诸多著作，如《活法》《心》《稻盛和夫自传》，饱含其多年实践"利他之道"的心得，INTJ一定不要错过。

如何与 INTJ 相处

不要打扰专注时的他们。

不要因为他们不说话就冷落他们。

不要因为他们说话直接，就觉得他们"不通人情"，他们的话其实很值得参考。

不要觉得他们没有感情，他们只是不太会表达。

多多鼓励他们表达心情，告诉他们，你很在意他们的感受。

多多对他们微笑，让他们知道你对他们抱有善意。

多多问他们问题，他们乐意帮人处理难题。

多多和他们单独交流，他们在一对一聊天时更爱说心里话。

多多认可他们的能力，他们和所有人一样渴望被肯定。

我说我最怕人生没意义，你说你最怕小虫子

想对 INTJ 说的话

也许你此刻感到迷茫，

也许你觉得生活毫无意义，

也许你觉得未来毫不可期，

但你的人生才刚刚开始。

也许你觉得这条路上你一直在独行，

其实这仅仅是为了更好地锻炼你。

等到你与那些走过相同之路的人相遇时，

你们就能共同去创造美好的事物。

那一刻，你会发现自己从一开始就被爱着。

INTP

思考是钥匙，逻辑是基石，探索永无终途

你是这样的 INTP 吗

INTP 是天生的哲学家，他们总是在不停地思考。对 INTP 来说，停止思考就意味着放弃生命，沦为行尸走肉。INTP 是理智的，他们常常以旁观者的视角，思考着那些对生命而言至关重要的问题：何为真理？何为自由？何为永恒？他们渴求答案，希望通过思考找到自己的人生之路。

☐ 好奇心永动机

☐ 日常神游外太空

☐ 人间测谎仪，日常质疑
　　一切（包括自己）

☐ 拖延症王者

☐ 聊天 = 知识"喷射"

☐ 存在感像 Wi-Fi 信号，时强时弱

☐ 朝闻道，夕死可矣

王阳明（明代思想家）

王阳明是"心学"的集大成者，他以"致良知"三字启示世人：人生的终极答案在于通过良知关爱身边人。阳明先生自幼便热衷于思考人生的意义，早年立志成为孔子那样的圣人，并潜心研究兵法、佛道等学问。中年时期，他经历人生大难，于贵州龙场悟出"圣人之道，吾性自足"的道理，之后一路"开挂"：治理庐陵，平定地方叛乱。他一生从未停止思考与精进，并以文官之身立下赫赫战功。正如他所说，他依靠的正是他的良知之学。

热爱真理，向往真知，渴求答案

　　INTP 在生活中有一种执着：凡事都要弄个明白。他们不单单要成功，还要知道成功背后的道理；不单单要自由，还要知道使人自由的规律；不单单要平安，还要探索如何实现人人平安。INTP 不仅关心个人得失，更重视超越个人境遇的"理"——人

人遵循便能实现心中所求的真理。如果有人问 INTP 为何如此执着于思考这类宏大的问题，他们会回答："因为只有真理才能使人自由。"

对 INTP 来说，"知道"和"懂"是两回事："知道"仅仅是认识事实，而"懂"则是理解来龙去脉与因果关系。INTP 不会满足于"知道"，因为对他们而言，知识易得，而智慧难得。INTP 心中的智慧，是一种能够让人在任何境遇中都能安定如山的法则，我们可以称之为"道"。无论是沉浸于历史、游荡于哲学，还是尝试各种小众兴趣，INTP 始终离不开"问道"这一目的。"一花一世界，一叶一菩提"，INTP 能够通过直觉和思维感知到万事万物中蕴含的超越个体的道理，因此，他们乐于在各种体验中寻找"道"的影子。

INTP 可以是外冷内热的理想主义者，也可以是避世的隐士、孤独的学者，还可以是积极的意见领袖。具体呈现出怎样的特质，取决于 INTP 正在实践怎样的人生哲学。总体而言，INTP 往往会经历从理想主义到现实主义，又从现实主义回归理想主义的过程。这并非反复无常，而是他们生命历程中的必然路径。"大人者，不失其赤子之心者也"，INTP 在童年时期对许多事物充满好奇，会出于天性去寻找答案。然而，在成长过程中他们会发现，如果不能独立生存，就无法持续寻找答案，因而转向现实主义。但当他们在现实的荆棘中跋涉已久后，又会发现童年时仰望的那片星空中，依旧隐藏着宇宙的答案。于是他们又回归理想主义，在看不见的世界里探寻"道"。

🌼 困境

世人对 INTP 的评价往往和他们的自我认知不同，因为"以成败论英雄"的价值观深埋于许多人心中，而 INTP 则以是否符合"道"来评判自己和他人。这种标准的冲突往往使 INTP 很难为世人所理解，常常会感到孤独。INTP 在成长的过程中，首先要面对同龄人的不理解，其次是家人的不理解，最后是职场中同事的不理解。结果，他们只能通过独处、阅读和网络寻求慰藉。低价值感、认同感缺失乃至自卑感，都是 INTP 需要常常面对的"大山"。

重塑信念，去芜存精

既然 INTP 无法摆脱"追求真理"的天性，那么突破困境的方法也在于此：在困境中重塑信念，分辨哪些信念与真理相冲突，哪些需要更加坚持。每一次危机，尤其是心理层面的危机，都是一次关于信念的考验。当旧的思想体系受到现实的冲击时，唯有真正的"道"才能带领他们冲破阻碍。

基于良知，做出判断

INTP 在面对具体困境时，无论是内心想法不被理解，还是被身边人排挤，抑或是面临"是否坚持信念"的考验，唯一的解决方法是内求诸己，问自己："我所思所想，是否真的符合良知？"这一方法并非我所创，而是心学大师王阳明在历经千难后总结的心法，是一种经得起考验的应对困境之道。

向世界勇敢表达

当 INTP 确认自己的所思所想符合良知后，下一步就是将这些想法告诉身边的人。通过表达，INTP 为身边人提供了一个合作的机会：是否合作取决于对方，但至少通过清晰的表达，可以避免对方对自己产生误解。即便有冲突，对方也能理解这是价值观的差异，而不是个人层面的对立。

谈笑有鸿儒，往来无白丁

INTP 交友往往不在乎对方的身份、地位，他们唯一看重的是——对方是否是自己的同道。INTP 对于真理有一种纯粹的执着，对于不重视真理的人，他们毫无与之相交的兴趣。即便对方自称重视真理，但在实际讨论中不讲逻辑，INTP 也不愿与之争辩。对 INTP 来说，交流不仅仅是为了交流本身，更是为了让双方更接近真理。因此，如果对方不重视"理"或者不遵从"理"，与其交流对 INTP 来说就是一种痛苦。

当 INTP 被迫与无法交流的人共处一室时，他们可能会呈现出两种状态：一种是成为完全丧失社交能力的"机器人"，面无表情、眼神呆滞；另一种是成为表面逢迎、顺从开朗，实则内心充满悲苦与尴尬的"伪君子"。无论哪种状态，都让 INTP 倍感不适。但我建议，如果必须选择，INTP 应选择"机器人"状态，因为这种状态至少真实。虚伪不仅伤害自己，也伤害他人。INTP 之所以在与"不同道"的人社交时如此难受，是因为他们对那些

"无关紧要"的话题实在提不起兴趣。

　　然而，INTP 在与同道交流时，完全是另一番景象：或唇枪舌剑、激战正酣，或眉飞色舞、畅快自得。这种场面正如《陋室铭》中所描述的"谈笑有鸿儒，往来无白丁"。INTP 在自己感兴趣且有思想储备的话题上，往往充满表达欲和分享欲。他们具备生动的表达能力，能够形象地让他人理解自己的想法，并欢迎对方提出问题，甚至是刁钻的质疑——当然，质疑必须遵循逻辑。INTP 愿意改变自己的看法，只要他们发现对方的观点更符合真理。在这一点上，他们颇有古人"朝闻道，夕死可矣"的开明气度。

朝闻道，
夕死可矣！

我说我最怕人生没意义，你说你最怕小虫子

🌼 困境

生活中，INTP 不容易找到自己理想中的同道，因为他们在成长的不同阶段有不同的兴趣，即便遇到了另一个 INTP，也不能保证两个人在当下有聊得来的话题。这种情况导致 INTP 在少年和青年时期常常会有一种"众人皆醉我独醒"的感受。

INTP 对传统观念中的"考个好学校""找个好工作"这类人生规划嗤之以鼻，因而给不理解他们的人留下了一种孤傲的印象，这会让他们更难以融入人群。

🌸 进阶

重视他人的感受，而非思想

首先，INTP 需要在生活中更重视他人的感受，而非思想。对 INTP 来说，思想往往高于一切，他们可能会因为认为对方思想深度不足而忽略对方被重视的需求。事实上，INTP 需要意识到，每个人的感受都值得被重视。

多倾听，少评判

INTP 在面对他人的时候，如果能够更耐心地倾听对方的感受，而不是轻易评判他人的思想，将更容易与他人建立信任。当 INTP 和他人有了深层的连接后，他人也会明白 INTP 的观点能够帮助自己，从而更愿意征求 INTP 的看法和意见。

选择让自己全力以赴的工作

INTP 在选择工作上往往比较挑剔，但他们一旦决定全身心投入某项工作，便会全力以赴。能激发 INTP 这种意愿的工作，通常需要具备三个客观条件：首先，能使他们感到有意义；其次，能让他们充分发挥思考方面的天赋；最后，要有一定的自由度。

一旦 INTP 选择的工作满足了这些条件，他们便能展现出惊人的潜力。INTP 从不缺乏创造力和理论原创能力。当他们在某个领域深耕多年后，日积月累的知识体系就会生根发芽，很可能帮助他们发现新理论或建立更先进的思想体系。INTP 追求真理的习惯，将在那一刻结出果实。

🌼 困境

INTP 在工作方面的主要挑战通常出现在前期阶段，也就是他们刚刚进入社会或刚刚转行时。由于对新工作不熟悉，或是被迫从事不喜欢的工作，INTP 在入职初期会感到格外煎熬。此外，一些缺乏思考与创造空间的工作会使 INTP 感到不自由、受拘束，甚至"喘不过气来"。严重时，他们甚至会因此郁郁寡欢，丧失对工作和生活的兴趣。

🌸 进阶

发现乐趣

如果要让 INTP 爱上一份工作，首要条件是这份工作必须让他们发现乐趣。INTP 很容易基于印象而"轻视"那些缺乏思想深度的工作，但又迫于现实不得不从事这些工作。在这种情况下，INTP 首先需要调整自己对待具体工作的态度，从工作中探寻乐趣。

激发工作兴趣

要调整工作态度，INTP 可以先了解自己所在的行业中那些高手的工作表现。通常而言，INTP 认为一项工作无聊，往往是因为工作内容给他们留下了"缺乏发挥空间"的印象，而观察行业中的高手如何在工作中发挥能力有助于激发 INTP 对所从事工作的兴趣。

我说我最怕人生没意义，你说你最怕小虫子

爆发吧，
INTP 的小宇宙

储备知识，迎接挑战

INTP 需要大量的知识储备才能充分发挥思考方面的天赋，因此，阅读是 INTP 长期发展的必备习惯。一个有阅读习惯的 INTP，经过长期的思考和积累，能够形成理性对待各种情况的优势。此外，大量的知识储备会为 INTP 打开真理之门提供钥匙。当然，仅有阅读习惯和知识储备是不够的，还要辅以充分的生活经验，否则 INTP 的思想会面临脱离现实的风险。

从事教育，授业育人

INTP 不仅善于思考，还善于系统性地表达思考成果，这使得 INTP 非常适合当老师，尤其是高等学校的老师。在非教育领域，当 INTP 具备了充分的理论和实践积累后，能够展现出杰出的领导才能，成为善于为团队提供战略性指导意见的管理者。此外，INTP 对创新有着天然的兴趣，他们善于整合多元观点，在广泛意见中获取灵感，并将这些灵感转化为发明创造，引领团队

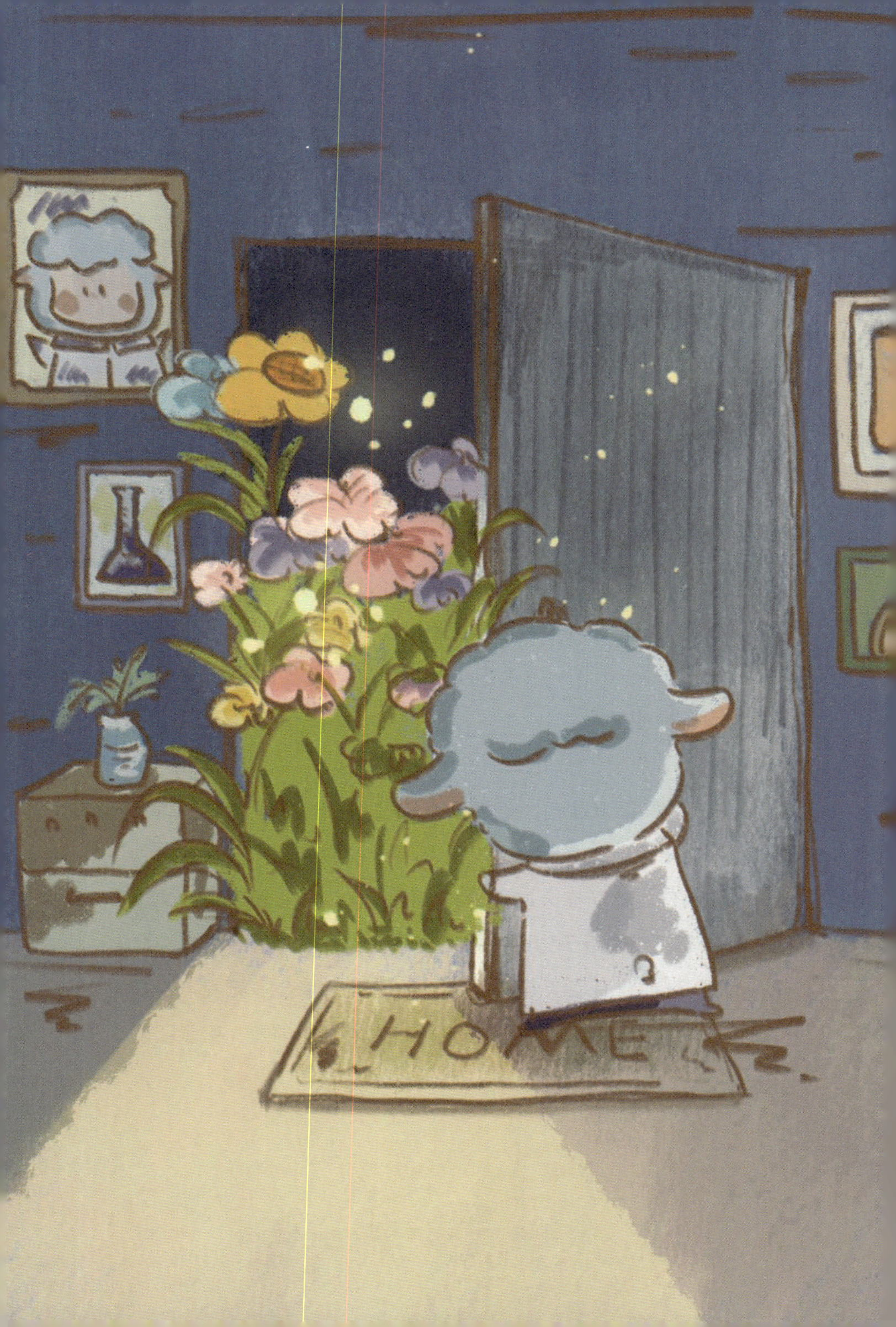
HOME

取得突破性进展。

提升共情能力

INTP 若想加速自身成长，需格外重视情感层面的发展。这要求 INTP 一定要在生活中学会耐心倾听他人，避免急于打断对方，或认为对方的问题不值一提而试图"教育"对方。INTP 并不缺乏提供建议或解决方案的能力，但他们常常忽略对方是否已准备好接纳建议。如果 INTP 贸然打断，或强硬地指出对方的错误，可能会让对方感到不被接纳，从而更加难以听取 INTP 的想法。反之，如果 INTP 能给予对方耐心，那么他们将在人生的各个阶段结识许多能够真心相待的朋友。

如何与 INTP 相处

不要劝 INTP 停止思考，不要说 INTP 的想法奇怪。

不要在 INTP 表达想法的时候打断他们。

不要对 INTP 滥用情绪化的表达，别在不熟悉的时候对他们说"你好讨厌呀"。

不要对 INTP 灌输没有理论支持的观念，别对他们说"你就该像我这样做"。

多多和 INTP 交流想法并询问他们的看法，可以问他们"我这样想你怎么看"。

多多鼓励 INTP，肯定他们的价值，可以对他们说"我觉得你很棒"。

多多告知 INTP，他们的存在本就有意义，可以对他们说"你什么都不做我也喜欢你"。

多多提醒 INTP 你在乎他们的感受，可以对他们说"我很在乎你的心情"。

多多尊重 INTP 的独处需求，可以对他们说"你想一个人待着的话一定要告诉我"。

想对 INTP 说的话

我明白你的孤独，因为我和你一样。

你不是不够好，你只是在成长。

你永远是独特的，但这不代表你不能够被人理解。

你的渴望值得被重视。

其实你情感丰富，只是你还在学习表达感受。

总有一天，你会发现过去承受的孤独是值得的。

唯有真理才是通往自由之路。

而爱，即真理。

你一定会得到真正的爱与自由。

ENTJ

我来，我见，我征服

你是这样的 ENTJ 吗

ENTJ 天生具有王者风范，他们擅长领导他人与应对挑战。ENTJ 精力充沛，即使在面对难题时也能保持活力，总是向外界展现自信的一面，而把无助和悲伤留给最亲近的人。由于善于解决问题、乐于迎难而上，并且具备卓越的动员与指挥能力，ENTJ 常常给人留下霸气而自信的印象。

□ 累？不存在的，效率能解决一切！　　□ 直面冲突

□ 直言不讳，讨厌拐弯抹角　　□ 目标感十足

□ 善于组织、整理一切事物　　□ 好胜心强

□ 分析问题快如光速　　□ 意见传播者

□ 高风险 = 高回报 = 高乐趣　　□ 实力至上主义者

拿破仑·波拿巴（法国军事家、政治家）

拿破仑·波拿巴在当时非法国属地的科西嘉岛出生，在法国吞并科西嘉岛后成为法国公民。在法国大革命背景下，他年纪轻轻便指挥了著名的土伦战役，成为当时法国最年轻的将军。在随后的战役中，他凭借天才般的指挥才能，带领法国取得了一次次胜利，最终加冕为法国皇帝，并颁布了具有现代意义的《拿破仑法典》。尽管拿破仑最终兵败滑铁卢，但他一生为法兰西的团结发展做出了卓越贡献。

会当凌绝顶，一览众山小

ENTJ 喜欢像鹰一样盘旋在高处，清晰而冷静地俯瞰世界。一旦发现"猎物"——人生目标，就会勇敢追逐。

ENTJ 如果感到孤独，他们会吸收一种能消解孤独的观点来改变境况；如果感到不被重视，他们可能会选择攀登高峰——无论是实际登山，还是在职场或商界拼搏——来全力以赴证明自己；如果感到缺乏爱，他们也许会放下一切，去赢得心爱之人的青睐，此时他们会展现出浪漫而热烈的一面。

无论 ENTJ 如何选择，有一点是毫无疑问的：他们勇往直前，并会在实现价值的过程中高度重视持续调整。他们并不是盲目向前冲的"愣头青"，而是极富理想的现实主义者。他们通过实践来验证价值，并在实践中寻找真正的理想。对他们来说，现实是火箭的发射台，而任何宏伟的宇宙探索计划都需要建立在此之上。可以说，ENTJ 是所有理想主义者中最注重现实的，也是所有现实主义者中最注重理想的。

🌼 困境

ENTJ 对观点的接纳有一个条件：一种观点必须具备快速见效的力量，才会被他们接纳。也就是说，ENTJ 对那些不能迅速带来改变的观点缺乏兴趣。这种实用主义态度使他们能迅速吸纳立竿见影的观点，从而在面对任何状况时都能快速改变局面。然而，从长期来看，这种务实的作风可能导致他们与自己最需要的思想失之交臂。

ENFP

别跟我说话！我会从工位
八卦聊到格林童话……

16人格分布卡

			感觉 (S)		直觉 (N)	
			思维 (T) ST	情感 (F) SF	情感 (F) NF	思维 (T) NT
内倾	判断 (J)	I — J	ISTJ	ISFJ	INFJ	INTJ
	感知 (P)	I — P	ISTP	ISFP	INFP	INTP
外倾	感知 (P)	E — P	ESTP	ESFP	ENFP	ENTP
	判断 (J)	E — J	ESTJ	ESFJ	ENFJ	ENTJ

16人格卡使用说明

将你和小伙伴的名字填写进对应的人格栏，轻松找到彼此相处的方式。一眼看懂人格分布，

颜色深：意志坚强、决策果断；颜色浅：温和

左侧两列：实感；右侧两列：抽象

上面两行：内倾；下面两行：外倾

🌸 进阶

警惕恶的诱惑

历史上许多 ENTJ 都曾遵循这样的路径：少年时期拿起长剑去屠龙，却在战胜恶龙之后迷失自我，最终成为新的恶龙。无论是企业领袖还是封建时代的王侯，许多 ENTJ 最初都怀着实现价值的心愿，努力成为领导者，带领身边人克服重重困难，最终获得硕果。然而，当他们身居高位时，往往会面临一种诱惑："或许这一切都是我的功劳，因此我值得被更多地服务和崇拜。"如果 ENTJ 未能抵制这种恶的诱惑，那一刻将成为他们人生灾难的开端。历史上很多杰出的 ENTJ 领导者，正是在登顶后因骄傲自满而使多年辛劳毁于一旦。

学会谦卑

想要避免"竹篮打水一场空"的 ENTJ，需要尽早培养谦卑之心。老子的"上善若水"思想和墨子的"兼爱非攻"思想，都为 ENTJ 提供了如何看待自身与群体关系的珍贵启示。ENTJ 需要明白，并非个体成就了群体，而是群体成就了个体，请牢记荀子所言："水能载舟，亦能覆舟。"

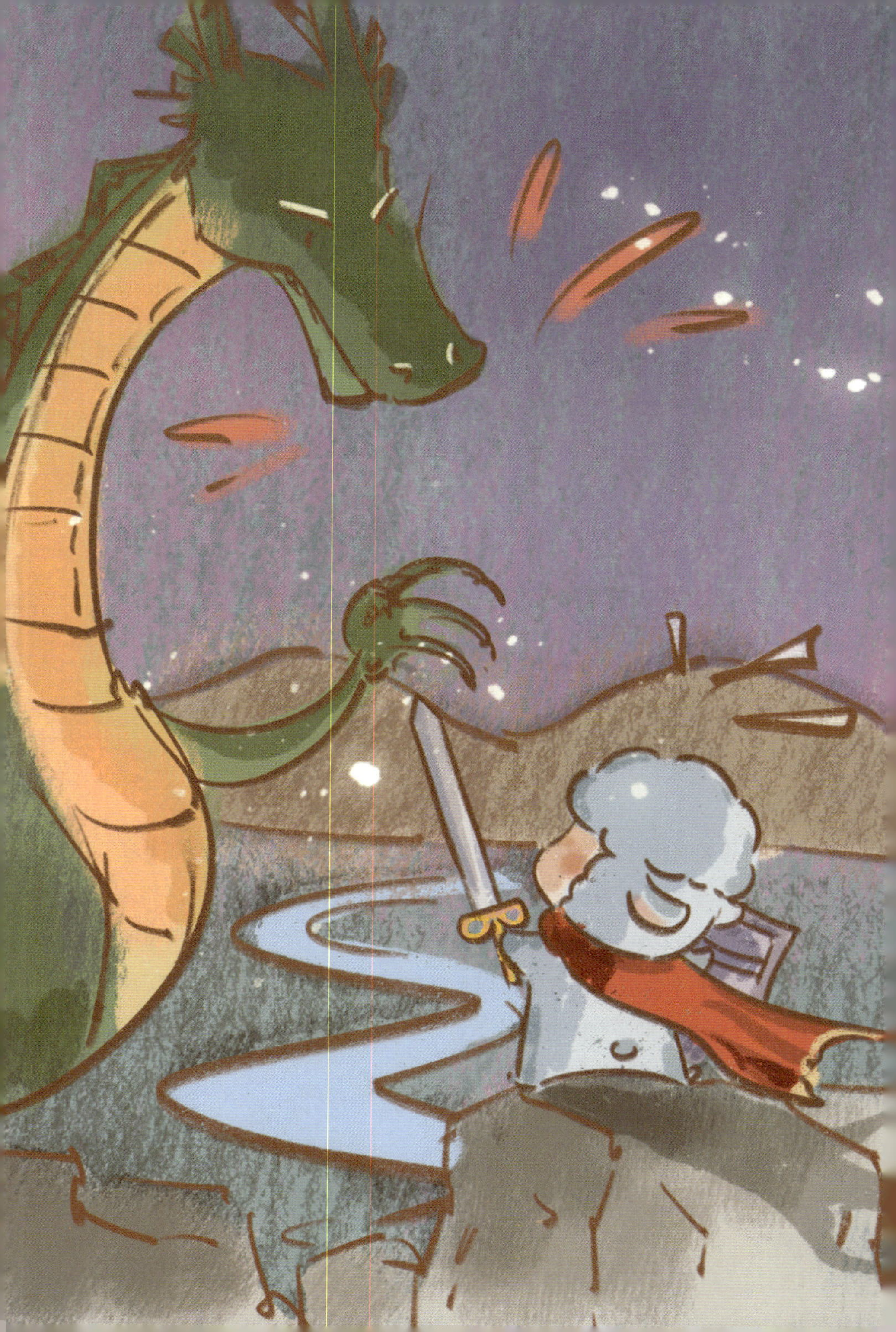

重视和群体的关系

简而言之，ENTJ 需要保持谦卑，时刻铭记最出色的领导者永远是群体的服务者。群体将决策权和指挥权交给 ENTJ，并非出于崇拜，而是基于肯定和信赖。群体和 ENTJ 之间是一种平等关系，而非迷途的羔羊需要睿智的牧羊人。ENTJ 自己也是羊群中的一员，即使他们能发挥领头羊的作用，他们也并非牧羊人——这是他们必须承认的事实。当 ENTJ 能以平等心去面对人群时，他们的个人发展就能经受住长期考验。

社交中的意见传播者

ENTJ 对社交抱有浓厚兴趣，因为在社交中他们可以表达想法和输出价值观。他们认为社交带有传播学属性：通过社交，思想被一个人或一群人传递给更广泛的群体。ENTJ 大多极具主见，因此他们珍惜每一个可以让想法被接受和传播的机会。

在社交中，ENTJ 会倾听和共情，但这些行为最终服务于他们表达意见的目的，这是他们参与社交活动的核心动机。他们可以根据情况展现出耐心与理解，也可以在必要时表现得强势而果断。当他们希望赢得对方信任时，会给予其充分的肯定；而当他们认为改变对方至关重要时，又能化身为最狂热的演说家。

ENTJ 普遍自带自信气场，这使他们在社交场合中很难被忽视。即使不能成为焦点，ENTJ 也能找到机会让自己的意见得到重视，而非被当作"佐料"一笑置之。当然，如果遇到与自己的想法完全不合，或是无论怎样也无法获得尊重的场合，他们也不介意转身离开，毕竟他们不喜欢将宝贵的精力浪费在无法产生影响的地方。

🌼 困境

ENTJ 在"谈事"方面拥有杰出的社交能力，但在与亲近之人相处时却时常面临挑战。这种挑战在于，亲近之人往往更希望他们能倾听心情、提供情感安慰，或至少能安静陪伴，而非滔滔不绝地进行说教。然而，ENTJ 的社交倾向与这种当"温顺小羊"的诉求背道而驰，这导致他们在面对亲近之人的情感诉求时，常常手足无措或情绪激动地与对方争吵。

🌸 进阶

以沉默代替千言万语

让 ENTJ 保持沉默是一件困难的事，这就像让一个装满宝藏的箱子始终紧闭一样不合理。然而，ENTJ 在面对他人的情感诉求时，若想克制表达的冲动，就必须意识到——在对方情绪激动的时刻，沉默的陪伴往往比言语表达更有力量。

给对方提供思考空间

如果 ENTJ 需要表达想法，可以采用写信或者在聊天软件发送文字消息的方式。这样做有两个好处。第一，使表达逻辑清晰，给对方提供思考空间。ENTJ 需要明白，并非所有人都像他们一样善于从特定的视角去分析问题，因此给对方足够的思考空间尤其重要。第二，避免压迫感与被掌控感。文字可以编辑和修改，而面对面交流既要保持逻辑严谨，又要照顾对方感受，往往很难兼顾。因此，我建议 ENTJ 在口头交流时优先照顾对方的情绪需求，把自己真实想表达的内容转化为文字。减少对方的被掌控感，ENTJ 在亲密关系中的社交就会更加成功。

目标感十足的王者

ENTJ 一旦认定目标，就会产生极强的目标感。他们会果断执行计划，直至完成。尽管可能面临困难，但他们总能找到最高效的解决方案，并在此过程中表现出顽强的"作战"意识。一般来说，没有他们解决不了的问题，如果实在找不到解决方案，他们也会另谋出路，而不是垂头丧气、自怨自艾。

我说我最怕人生没意义，你说你最怕小虫子

在职场中，尤其是在管理岗位上，ENTJ 能充分发挥其卓越的指挥能力。如果说他们自身具备出色的执行力，那么在成为管理者后，他们就能将个人执行力升级成团体执行力。ENTJ 不仅拥有大局观和清晰的逻辑，还具备充沛的领导能量。他们不惧人群，也不担心与下属意见相左。只要认定了一个方向，ENTJ 就能全力动员整个团队服从其意志，朝着目标大步迈进。

ENTJ 在发掘和任用人才上独具慧眼，这得益于他们敏锐的洞察力，尤其是对他人解决问题能力的观察。对 ENTJ 来说，世界是一个巨大的舞台，一场盛大的演出必须包含许多才能各异的角色。因此，他们不仅重视自身能力的发展，还会常常留意身边的潜在人才。

困境

尽管 ENTJ 拥有充沛的能量、出色的战略眼光和杰出的执行力与指挥力，但他们在职场中并非无懈可击。一般来说，ENTJ 虽然善于发掘人才和建立合作，但他们普遍倾向于"大权独揽"。当然，ENTJ 在刚开始工作时未必有掌握决策权的机会，但他们会朝着这个方向发展，原因很简单：他们喜欢且善于指挥。然而，这种倾向在竞争激烈的职场中很容易使 ENTJ 树敌。尽管 ENTJ 并不惧怕正面冲突，但"明枪易躲，暗箭难防"，这种风险可能会导致优秀的 ENTJ 彻底失去向上发展的机会。

🌸 进阶

去中心化

"放下对中心化的执着，转向去中心化"的建议，对 ENTJ 来说并不容易接受。因为中心化运作是极具效率的，尤其在复杂且充满挑战的环境中：所有决策都来自中心，能够避免因决策混乱而延误时机，同时能凝聚力量，让所有人"拧成一股绳"，最大限度发挥集体战斗力。然而，职场并非战场，去中心化能帮助 ENTJ 赢得同事的尊重和配合。

重视精神层面的追求

无论 ENTJ 在事业上有多么成功，都要认识到真正的自我实现和自我超越并不止于物质层面，精神层面的追求才是人类幸福感的真正源泉。ENTJ 越对精神层面的追求产生兴趣，就越容易找到人生的意义。

爆发吧，
ENTJ 的小宇宙

真实接触芸芸众生

我建议 ENTJ 在青少年时期多"吃苦"，例如通过参与公益活动帮助困难人群。这样做可以帮助他们增加对劳苦大众的了解，从感性层面积累与普通劳动者相处的经验。无论 ENTJ 未来从事什么工作，其本质都是服务社会。当 ENTJ 对社会大众有深刻的理解时，他们的决策和思维将能更精准地为社会创造价值。

重视家庭

已经处于较高职位的 ENTJ，如果想要更上一层楼，我建议他们重视个人在家庭方面的投入，多多孝敬父母、陪伴配偶和子女。古人云："身修而后家齐，家齐而后国治，国治而后天下平。"这句话不仅仅指出了人生的一种理想境界，更阐明了"修身齐家"与"治国平天下"之间的内在联系：在职业发展中，最重要的领导力，归根结底体现为使团体和谐、使身边人亲密相处，而社会的基本单元便是家庭。可以说，在与家庭成员的相处中，蕴含着人际交往与领导力发展的秘密。能够使家庭和睦的 ENTJ，也必定能使自己领导的团队和睦团结。因此，我建议 ENTJ 重视家庭，牢记"家和万事兴"的道理。

如何与 ENTJ 相处

不要小看他们。

不要在他们说话时心不在焉。

不要欺骗他们，尤其当他们十分信赖你的时候。

不要以为他们没有感情，他们的内心其实很柔软。

不要因为他们有时表现强势就害怕他们，他们并不可怕。

多多对他们表示关心，哪怕他们说不需要。

多多鼓励他们表达感受，而不是让他们自己消化情绪。

多多肯定他们对你的关照。

多多欣赏他们为家庭和社会做出的贡献。

多多听取他们的意见，他们的意见很有参考价值。

想对 ENTJ 说的话

你渴望星辰，

因而你将拥抱星辰；

你渴望大海，

因而你将征服大海；

你渴望远方，

因而你将抵达远方；

其实，你心中还有一个渴望，

那就是有一群陪在你身边、不离不弃的人。

如果你渴望他们，

那么，请记得好好珍惜他们，

因为他们是你的无价之宝，千金不换。

ENTP

我心中有一千扇门，通向一千个可能

你是这样的 ENTP 吗

ENTP 非常机灵，同时也十分顽皮，他们善于从各个角度去看待事物，并且总能形成一套套自己的见解。对他们来说，世界是一个巨大的图书馆，充满了陌生的知识和令他们感兴趣的智慧。ENTP 在想象的世界中遨游，就像在海洋里游泳一般畅快。当他们有机会去探索自己感兴趣的理论时，就会如高尔基所描述的那样："像饥饿的人扑在面包上"。

☐ 沉默是金？不，沉默是刑！　　☐ 不在乎别人的看法

☐ 对知识永远好奇　　　　　　　☐ 讨厌例行公事

☐ 对各种可能性非常非常敏感　　☐ 对感兴趣的事不知疲倦

☐ 思维跳跃

黄蓉（经典武侠小说《射雕英雄传》的女主角）

黄蓉是"五绝"之一"东邪"黄药师的独生女，因为和父亲赌气而离家出走，却因此偶遇了终身伴侣郭靖，与郭靖一同踏上江湖旅程。在和郭靖一同寻找《武穆遗书》的过程中，黄蓉多次凭借过人的智慧帮助郭靖化险为夷，并且在此间从一位刁蛮少女蜕变为敢于为家国大义献身的女侠。面对恶势力的威逼，黄蓉多次运用才智以弱胜强，把反派耍得团团转，最后伺机反败为胜，让正义战胜邪恶。

世界是我的游乐园

ENTP 的世界观是 16 型人格中最为开放的，他们欢迎任何一种观点，只要这个观点背后有逻辑支撑。ENTP 认为自己的乐趣在于博采众长，取他人之精华，去他人之糟粕，进而形成自己独特的观点。这种开放性源于 ENTP 对探索有着天然的兴趣：他们不是为了解决某个具体问题而寻找答案，而是出于对惊喜和顿悟的期待，而去发掘这个世界上的各种观点。这个过程就像一个热爱冰激凌的孩子，为了发现从未品尝过的口味而四处旅行。

在 ENTP 的意识里，真理是无限的。随着人类的认识和发现，真理的数量会不断增加。更让 ENTP 兴奋的是，真理的画卷永无边界，一幅画卷永远是另一幅更大画卷的局部，就像太阳系和银河系的关系。

ENTP 的愿望并非在有限的时间内掌握一切真理，而是想要充分享受身处无限之中的乐趣。正因如此，他们感兴趣的话题极为广泛，他们对任何能激起自己好奇心的事物都会深入探索，直到他们满意或突然出现了他们更感兴趣的事物。他们反对教条，不喜欢人为设定的规则，尤其是那些要求他们必须如何思考或如何看待事物的说教。这种略带叛逆的自主意识会出现是因为他们相比权威更看重逻辑思维：对他们来说，重要的不是多数人认同什么，而是能否说服自己。

🌼 困境

ENTP 的自主意识，在他们的童年和青少年时期有可能会给他们与家长、老师之间的相处带来麻烦。他们常常会就一些行为发表质疑，尤其是当面对言行不一致的表现时，但这不是出于对权威的挑战，而是单纯出于好奇。然而，作为权威的家长和老师

则不一定能够正确理解 ENTP 的提问动机，可能会将他们的问题视为对自己的否定，甚至会对其加以严厉打击。这种误解和不当的处理方式，往往会给 ENTP 留下童年阴影。

🌸 进阶

注意提问场合

要求 ENTP 抑制好奇心既不可能也不合理，因此如果他们想要化解自己与长辈或权威人物的矛盾，就要学会选择恰当的表达时机与方式。首先，尽量避免在公开场合提问——因为在这种场合，被提问者往往要维护整体形象。当 ENTP 的问题让被提问者陷入窘境时，不仅会造成场面尴尬，更可能削弱他人对被提问者的信任。

站在对方的立场上考虑提问内容

其次，我建议 ENTP 在向长辈或权威人物提出问题之前，先在心里和对方互换立场，想象他们被问及类似问题时的感受。对 ENTP 来说，许多问题往往是脱口而出的，但解答往往比问题本身更复杂。因此，尽管 ENTP 可以立即提出问题，但对方是否适合当场回答，以及对方被提问时的感受，需要 ENTP 深思熟虑。

寻求帮助，而非提出质疑

最后，ENTP 在表达疑问时，可以模仿这样的句式："对于您提到的这个内容，我有这样一种看法，能否请您帮助我分析其合理性？"这种提问方式的关键在于把质疑转化为求助。如此一来，被提问者就会明白提问者的动机并非质疑，而是希望获得见解。当 ENTP 能让对方意识到自己没有敌意时，就能大大降低对方因自我防御而打击 ENTP 的可能性。

重点是要有趣

ENTP 在社交方面的特点，并不能简单归纳为"喜欢社交"或"讨厌社交"，他们是否乐于参加一场社交活动，取决于能否在其中发现有趣的话题。ENTP 善于和他人交流，但这种交流带有很强的逻辑性，他们喜欢和他人探讨抽象的事物、概念，反之，他们对太过具体或琐碎的日常话题则缺乏兴趣。ENTP 的社交能量取决于兴奋感，他们偏爱能激发想象力的内容和讨论，而不是无法带来惊喜的日常事物。

在情感交流方面，ENTP 可以用"后知后觉"四个字来形容：他们不是没有情感，而是对情感的感知常常表现出一种滞后性。

比如有时，ENTP 即便遭受了他人的言语攻击，也不一定会立刻感到受伤，甚至能继续谈笑风生，但过一段时间之后，他们可能会突然回忆起当时的场面，并在那一刻倍感受伤。

ENTP 不太擅长直接表达情感，由于大部分时间沉浸在想象的世界里，他们更倾向于通过比喻和讲故事来抒发感受，而不是直接告诉对方自己此刻的心情。面对身边人的情感回应需求，他们可能会发愣、一时失语，或者找个笑话搪塞过去。但无论他们如何回应，都显得格外可爱。

🌼 困境

通常，与 ENTP 关系较远的人都能够轻松欣赏他们的"小迟钝"，但 ENTP 的真正社交挑战来自最亲密的人：父母、伴侣、子女。由于共情出现得相对滞后，他们常被最亲密的人贴上"不懂事""铁石心肠""自私冷漠"的标签。同时，他们缺乏直接表达情感的习惯，导致难以为自己辩解。久而久之，ENTP 可能会因亲密之人的不理解而心灰意冷，甚至丧失爱的意愿。

🌸 进阶

给儿童和青少年 ENTP 的建议

对儿童和青少年 ENTP 来说，与父母、老师有矛盾或冲突是正常的，可以通过多多倾诉的方式，与父母、老师共同寻找消除沟通障碍的方法，千万不要简单地认定自己"有问题"或"有毛病"。

给 ENTP 的父母的建议

如果你的孩子是 ENTP，我建议你多多鼓励孩子表达，并且在此过程中不要急于打断或否定他，将这个过程当成孩子在整理思维和分享感受的机会。ENTP 充满想象力，在他们分享某种视角时，家长不应立即评判，而应多询问孩子为什么会被这种视角吸引，从根源上和孩子一起探讨他们感兴趣的内容。

ENTP 需要多多表达感受

对于已经度过童年和青少年时期却仍深陷困境的 ENTP，我建议他们通过对愿意倾听自己的朋友进行倾诉来自我疗愈。在和这样的朋友交流时，ENTP 要注重表达情感，而非专注于逻辑思维。例如，使用"我今天很高兴，因为发生了这件事……"或"我今天不太高兴，因为回忆起了那件事……"等句式，而不是分享想象或论断。在此过程中，ENTP 要自然而然地表达出最纯粹的感受，当朋友理解这些感受时，就能使 ENTP 获得安慰和治愈。

发明家人格

ENTP 的最佳工作表现依赖于三个关键词：创造力、理论深度和自由度。他们需要持续从事能够充分发挥想象力的工作，否则就容易对眼前的工作丧失兴趣，导致专注力下降。反之，如果一项工作能够持续激发 ENTP 的想象力，他们就能在心灵的宇宙中驰骋，并为外部世界带来巨大贡献。

无论从事何种工作，ENTP 都需要这项工作有足够的理论深度。原因很简单：他们需要足够的理论深度使自己充分发挥天赋。当 ENTP 从事有足够理论深度的工作时，会感到工作充满意义与挑战，这对能量充沛的 ENTP 来说是绝佳的头脑运动机会。

ENTP 需要工作环境具备一定的自由度。当然，如果可以选择，他们更倾向于拥有百分之百的自由。但客观而言，百分之百的自由有时对 ENTP 的工作表现不利，因为他们可能会像脱缰的野马，任思维跳跃，转而研究与本职工作仅有微弱关联却令他们觉得十分有趣的事物。因此，赋予 ENTP 适度自由的同时，给予必要的帮助和提醒，才是成就其最佳表现的理想职场环境。

🌸 困境

当 ENTP 不得不从事机械重复的"搬砖"工作时，会产生巨大的抵触感。这种抵触感会出现是因为他们无法运用大脑的想象力和分析能力。对他们而言，这就像让骏马在磨坊拉磨，问题不在于骏马和磨坊孰贵孰贱，而是骏马的身体结构本就不适合拉磨。ENTP 会感叹"千里马常有，而伯乐不常有"，因苦于没有机会从事喜欢的工作而郁郁寡欢。

🌸 进阶

了解自己真正的需求

首先，ENTP 需要明确自己真正想从事什么工作。由于爱好广泛，他们容易对许多工作产生兴趣，但这种广泛的兴趣往往缺乏焦点，因此他们很难对一项工作自始至终保持热情。我建议 ENTP 在思考职业选择时，不要单单基于当下的兴趣爱好，还应回顾自己的人生经历，找出那些从小到大始终吸引自己的事物。答案或许就藏在那些从未被遗忘的乐趣中。

我说我最怕人生没意义，你说你最怕小虫子

通过兼职探索可能性

其次，当 ENTP 考虑换工作时，可以优先考虑兼职。ENTP 拥有丰富的想象力，但在实际从事一项工作前，可能会因想象而将其过度美化。与其一头扎进全职工作，不如提前积累不同行业的经验。这不仅有助于 ENTP 实地考察具体工作内容，还能帮助 ENTP 广泛接触到各类人群，这对善于从多元事物中汲取灵感的 ENTP 来说十分有意义。

爆发吧，
ENTP 的小宇宙

ENTP 的逻辑能力和自主性都很强，因此在个人成长方面往往有自己的规划。以下建议聚焦于交友层面：ENTP 需要结交三类朋友，这些朋友能帮助他们更好地了解自己，并在与人相处时更善于理解他人。

第一类朋友是善于倾听的 F 型人。ENTP 需要通过倾诉来表达内在感受。因此，他们需要有意识地结交善于倾听的朋友。

第二类朋友是能与自己交流思想的人。ENTP 往往会通过分享想法来进行自我整理，所以他们需要能够帮助自己厘清思路的伙伴。这类伙伴往往是 T 型人，他们不仅能够理解 ENTP 的逻辑出发点，还能在其思维过于发散时给予提醒，帮助他们回归核心关注点，是 ENTP 的良师益友。

第三类朋友是能在实际生活中照顾 ENTP 的人。这种"照顾"体现在衣食住行等细节上，例如体贴的室友帮忙记住日程，或细心的伴侣提供生活支持。ENTP 普遍不拘小节，他们对生活细节往往缺乏关注，简而言之，就是不太会照顾自己。因此，身边人的细致关照会让他们感到十分幸福。

如何与 ENTP 相处

不要在他们分享天马行空的想法时打断他们。

不要告诉他们应该如何思考，却不解释背后的逻辑。

不要认为他们只有想法没有行动，他们只是需要先想清楚再行动。

不要觉得他们不在意你的感受，他们只是没察觉到，而不是不在意。

多多告诉他们你的感受，但不要逼迫他们立即回应。

多多询问他们想法背后的逻辑，他们喜欢被人寻根究底。

多多宠爱他们，像对待孩子一样包容他们。

多多在辩论不过他们时，大方表达你爱他们，这可能会让他们改变看法。

我说我最怕人生没意义，你说你最怕小虫子

想对 ENTP 说的话

人生漫长，

请务必照顾好自己。

在生活中，多多倾听他人的想法，

重要的不是在辩论中获胜，

而是理解他人为什么会这样想。

不要轻易认为他人愚蠢，

而要挖掘更深层的原因。

即便他人的想法有误，

也不要因此忽视他人的感受。

你的天赋应成为馈赠他人的礼物，而非负担。

ISTJ

大地坚实，脚步清晰

你是这样的 ISTJ 吗

ISTJ 非常稳重，他们善于遵循原则，无论做什么都会以原则为导向，日复一日地做好自己的工作。他们热爱工作，追求精益求精，ISTJ 会在工作中实现自我价值，消解孤独感，体味人生意义。他们拥有极高的忠诚度，对家人充满责任感，可靠且细致，理性且克制。

☐ 优秀打工人　　　　　☐ 注重细节

☐ 言出必行　　　　　　☐ 反拖延战神

☐ 享受拥有新知识　　　☐ "社恐"，但可以强行社交

☐ 情感内敛，爱用行动表达　☐ 对原则有执念

☐ 内耗原因：计划被打乱了

约翰·洛克菲勒（美国实业家）

约翰·洛克菲勒出身贫寒，年轻时靠辛苦工作维持生计，后在一次偶然机会中赢得商业上的发展，并在辛勤的努力下创建了标准石油公司。洛克菲勒一生勤奋严谨，自律节俭，同时他十分重视慈善和家庭教育。他捐赠巨款支持教育和医疗行业，并留下了著名的《洛克菲勒家书》，告诫后人保持勤奋与节俭的美德。

工作、家庭与运动

工作、家庭与运动，是 ISTJ 的三大重心。他们通过工作接触世界，通过家庭认识爱，通过运动感知自我。

工作对 ISTJ 来说十分重要，这是因为他们热爱解决实际问题，并从中享受认识客观世界的乐趣。工作不仅仅是 ISTJ 赚钱谋生的手段，更是他们了解世界、学习世间法则的"大学"。每解决一个实际问题，ISTJ 都会感到与世界更加亲近。他们尤其喜欢需要逻辑思维的工作，因为这样的工作能让他们享受"解题"的乐趣并获得价值感。

　　家庭能为 ISTJ 提供无可替代的亲密感。ISTJ 性格相对内敛，一般不会结交很多亲密朋友，因此家庭是他们获取情感力量的源泉。缺乏温暖家庭的 ISTJ 在童年时期可能会感到自卑，在青年时期会缺乏安全感，难以与他人建立信任关系，恋爱方面也会遇到困难，他们可能会感到孤独和无意义。反之，拥有温暖家庭的 ISTJ 往往会自信而幽默。

我说我最怕人生没意义，你说你最怕小虫子

运动能为 ISTJ 提供难得的自我感知机会。在面对工作和家庭时，ISTJ 总是与外部世界互动，而通过运动，他们能清楚地感受到自己的存在。无论是心跳加速还是毛孔扩张，都能带给他们一种"活着的感觉"。ISTJ 需要运动，因为这是他们独处的珍贵时刻。通过运动，他们认识生命，并了解自己的感受。

🌼 困境

由于个人经历和外部环境的限制，ISTJ 的三大重心容易失衡。当 ISTJ 过度重视工作而忽略家庭和运动时，就会感到空虚；当 ISTJ 只注重家庭而缺乏有意义的工作时，就会感到缺乏社会价值；当 ISTJ 兼顾工作和家庭，却忘记了保持运动习惯时，就容易感到疲劳且缺乏生命力。

🌸 进阶

在努力工作的同时重视家庭与运动

在当今社会，"努力工作，挣钱养家"通常被视为积极的价值观，但 ISTJ 需要想清楚：工作所需的力气从何而来？挣钱的最终目的是什么？一方面，想要努力工作，就离不开健康的身体；另一方面，挣钱的最终目的是提高全家人的生活质量，如果为了工作牺牲陪伴家人的时间，只会让亲情淡漠，背离初衷。

勇于面对家庭矛盾

对 ISTJ 来说，处理情感冲突是一项挑战。但正因为是挑战，才要勇于面对。处理好家庭矛盾不仅有助于家庭幸福美满，处理矛盾的过程还能锻炼 ISTJ 的情感处理能力——这也是一项宝贵的技能。

重视身体锻炼

相比工作和家庭，运动往往是 ISTJ 最先放弃的重心，但从长远的角度来看，运动能使 ISTJ 的身体更有活力、头脑更加清晰、天赋更持久地发挥。所以，ISTJ 一定要重视身体锻炼。

只对感兴趣的话题热衷的社交观念

ISTJ 在社交中更倾向于共同解决一些实际问题，而非嘘寒问暖。对 ISTJ 来说，聊天并非不可，只是话题需要是他们喜欢的自然科学、历史或社会见闻。如果话题是纯粹的情感话题，ISTJ 很可能会像雕像般怔住，或者干脆找一个角落躲着。

ISTJ 与亲近的朋友们在一起时，会展现出活泼幽默的一面。他们会对亲近的朋友们敞开心扉，分享最近的经历、见闻，甚至是深埋心底的感情。他们的幽默体现在时不时地说出一些令人捧腹的评论——这种幽默不是哗众取宠，而是让人发自内心地感到好笑，且常常带有很强烈的画面感。

ISTJ 在家族社交中往往比在社会活动中更加开放。对他们来说，家族中的亲人有着非同一般的意义。因此，ISTJ 在面对亲人的时候会展现出他们最亲切的一面。通常，ISTJ 不仅重视直系亲属，对关系较远的旁系亲属，他们也会给予更多关注。

🌼 困境

ISTJ 在社交上的难题在于，有时他们不得不面对自己不感兴趣的话题，更大的难题是，面对和他们持有完全不同观点的人。当被对方用不具逻辑的方式质疑或否定的时候，ISTJ 会感到愤怒。ISTJ 在表达某种观点的时候，往往已经对这一观点进行过仔细的思考，而当突然面对他人没有逻辑支撑的质疑时，他们会觉得匪夷所思，从而产生强烈的不被尊重感，他们可能会因此再也不和对方说话。

🌸 进阶

要让 ISTJ 宽恕冒犯自己的人，需要经历三个阶段。

理解动机

首先，ISTJ 需要理解对方说出那些冒犯之言的动机。对 ISTJ 来说，平白无故被他人质疑和否定令他们难以接受。因此，了解对方的动机十分重要。我建议 ISTJ 可以请熟悉对方性格的朋友帮助识别其言论出发点。

接纳伤害

其次，ISTJ 必须承认对方带来了情感伤害。他们通常不愿正视自己的痛苦感受，认为有这种感受是娇情、不独立的表现。事实上，正视感受是重要的。承认并正确看待伤痛，有助于 ISTJ 深刻理解自己，从而治愈创伤。

承认没有人是完美的

最后，ISTJ 需要意识到，不只他人会冒犯自己，自己也可能会在无意中冒犯他人。每个人的认知方式、知识储备和理解模式都不同，因此，即使自己的逻辑表述完美，对方仍可能产生误解。如果 ISTJ 能够承认自己也曾冒犯他人，就能真正宽恕对方。宽恕对于 ISTJ 的心理健康至关重要——只有宽恕冒犯者，ISTJ 才能拔掉伤口上的"箭头"，得到真正的治愈。

工程师人格

ISTJ 思维严谨、行事谨慎，十分适合各种工程类岗位。他们的天赋在于通过缜密分析解决问题，并在严格执行中改变环境。他们不仅是思考者，更是执行者，面对任何问题都能冷静应对，耐心细致，勤勤恳恳。

除了工程类岗位，ISTJ 在各种管理岗位上也能充分发挥实干能力。ISTJ 往往起步于基层，在实干中积累了丰富经验，晋升后他们能结合亲身经历为下属提供有效指导。在自身有实际工作经验的领域，ISTJ 往往能发挥强大的领导力，因为他们曾亲力亲为且见解深刻。

对 ISTJ 来说，勤奋是一种格外重要的美德。当他们勤奋工作时，会因全力以赴而感到快乐。在他们看来，不勤奋工作是对自己和他人不负责任的表现。尽管有些人认为 ISTJ 的工作精神近乎"自虐"，但对 ISTJ 而言，并非如此——如果不好好工作，就不能充分发挥天赋，这在 ISTJ 看来是一种莫大的浪费。

困境

ISTJ 在工作中面对的最大的难题是，与领导关系不睦时，自己的工作状态会受到严重影响。与领导关系不睦通常表现为三种情况：一是 ISTJ 与领导都有合作意愿，但是性格不合；二是 ISTJ 愿意合作，但领导对其抱有偏见；三是 ISTJ 对领导有意见。

</>
if...:
else:
Print(":)")
{key:
value}

主动表达诉求

在第一种情况中，双方虽有合作意愿，但沟通方式差异导致沟通效率低下。问题的根源往往在于"隐藏含义"的沟通模式。当双方性格迥异时，两人很难通过猜测彼此的言外之意达成理解。因此，我建议 ISTJ 主动与领导沟通，表达希望直白交流的诉求。

通过结果证明自己

在第二种情况中，若领导对 ISTJ 心存偏见，我建议 ISTJ 先尝试与领导沟通。若沟通无果，则保持耐心，可以通过更努力地创造出色的工作成果来证明自己。我不建议 ISTJ 轻易辞职，因为 ISTJ 属于"慢热型"，初期需要一定时间适应和学习，但经验积累足够多后往往能后来居上，贸然辞职可能导致经验浪费。此外，若 ISTJ 能通过更好的工作表现证明自己，领导的偏见未必会持续。

不必一再忍耐

在第三种情况中，若 ISTJ 对领导不满且得不到有效支持，我建议果断辞职。也许你会问："为什么出现这种情况就建议果断辞职呢？"与第二种情况不同，这种情况下的问题不仅影响 ISTJ 的心理状态，还阻碍其经验积累。如果 ISTJ 无法在现有环境中积累有效经验，换工作可能是更好的选择。

爆发吧，
ISTJ 的小宇宙

重视共情能力

如果 ISTJ 想获得长足发展，就必须重视共情能力。相对而言，ISTJ 更容易与和自己关系亲近的人共情，不太容易与和自己关系不够亲密的人共情。这种特点和 ISTJ 的效率原则有关：他们倾向于把时间和精力花费在最能带来回报的事物和人上。

不必任何时候都把效率放在第一位

以效率原则看待世界，是一种在时间和资源都有限的条件下的思维模式。这种效率原则的短板在于，当面对较为放松的情况时，ISTJ 可能感到无所适从，难以充分感受生活的乐趣，甚至会因此而产生一些不良习惯。效率原则虽然适用于大部分职场环境，但并非人际交往的黄金法则。

多与人相处

ISTJ 不仅需要效率，还需要扩展对幸福和喜悦的感知范围。我建议单身的 ISTJ 可以尝试恋爱或加入兴趣社团；恋爱中或已婚的 ISTJ 可以多多陪伴另一半，共同发展兴趣；有子女的 ISTJ 可以多多参加亲子活动。当 ISTJ 充分感受到身边人的积极情感时，他们的共情能力将显著增强。

如何与 ISTJ 相处

不要只调侃他们的严肃，却不肯定他们的认真。

不要在背后议论他们，他们十分反感这种行为。

多多承认他们做出的贡献。

多多帮助他们理解自己的感受。

多多倾听他们讲述人生经历，这些经历里蕴含着他们的情感。

多多尊重他们的个人空间和隐私，他们需要这样的尊重。

多多在他们感到不安时，给他们拥抱。

想对 ISTJ 说的话

当你感到孤独时，

请记住有人知道你的孤独；

当你感到难过时，

请记住有人理解你的难过；

当你感到痛苦时，

请记住有人愿意分担你的痛苦；

当你渴望幸福时，

请记住有人希望你获得幸福；

当你渴望爱时，

请记住爱你的人同样渴望得到你的爱。

ISFJ

让我做你屋里的光，门外的盾

你是这样的 ISFJ 吗

ISFJ 内敛、温顺，非常善于体贴他人。他们对事对人有耐心，甘于付出，乐于奉献。ISFJ 有极好的脾气，善于与身边人打成一片，也能够应对难以相处的人。他们就像冬天未到便辛勤收集松果的小松鼠，是社会持续发展的中坚力量。

□ 人间暖炉，超强共情力　　□ 害怕冲突

□ 不是没脾气，只是不轻　　□ 千言万语都在行动中
　　易发脾气

□ 关怀他人是本能　　　　　□ 吃苦耐劳，有始有终

□ 秩序至关重要　　　　　　□ 以满足他人需求为己任

　　　　　　　　　　　　　□ 重视家庭

毛利兰（日本漫画《名侦探柯南》的女主角）

毛利兰的男朋友是《名侦探柯南》中的主角工藤新一，他在被反派灌下毒药之后身体缩小成小学生模样，隐瞒身份化名为柯南。从此之后，小兰只能偶尔在不直接见面的情况下得到男朋友的音信。小兰温柔耐心，对恋人十分信任，总是在等待着新一的出现，她的心里一直都是新一高瘦的身影。

做有价值的人

ISFJ 重视社会和家族长期传承的价值观。他们在成长过程中深受这些道德准则的影响，并通过亲身实践不断得到家族成员的肯定。ISFJ 也看重通过自身努力收获自我肯定，即认可自己是一个有价值的人。对 ISFJ 来说，他们的深层渴望是接纳自己，承认自己的价值。

ISFJ 还倾向于通过达到具体的标准来获得生活、情感和事业上的满足感。他们往往会在心里树立一个榜样，并在生活中不断模仿其言行，使自己更加接近这个榜样。他们追求的不是做最独特的人，而是成为有价值的人。这种倾向使 ISFJ 做人做事都较为稳重，且恪守原则。

🌼 困境

在当下多变的环境中，ISFJ 常常感到困惑：是该遵从这种价值理念，还是该听从那种思想主张？这就像一个人站在船的甲板上，试图在暴风雨中保持平衡，却不知道该抓住哪根桅杆。当 ISFJ 失去方向时，就会无所适从，内心充满不安。

🌸 进阶

立足于良知

当 ISFJ 面临选择困境时，可以从立身之本——如何做人——的角度来看待当下的困境。无论是在学习环境中还是工作环境中，ISFJ 都肩负造福整个社会的使命。因此，当 ISFJ 立足于良知，排除干扰因素，专心做出无愧于良知的选择时，往往能得到更有长期意义的结果。

多与前辈交流

如果 ISFJ 所面临的选择并不涉及"如何做人",而是更多关乎自身发展,那么我建议 ISFJ 可以向有经验的前辈寻求建议。通过与这些前辈交流,ISFJ 可以形成自己的看法。一般来说,可以通过付费咨询平台认识这些前辈;如果身处校园,则可以直接通过校园群或熟人介绍认识学长学姐。ISFJ 获得的前辈的建议越多,越有助于他们做出符合自身发展的决定。

寻求专业建议

还有一种情况是,ISFJ 面临的困境极为个人化,这类困境可能涉及亲密关系方面的问题。当他们在网络上寻找答案时,可能会面临众说纷纭的情况,导致他们不知道该听谁的意见。在这种情况下,我建议 ISFJ 预约专业的心理咨询师,通过心理咨询来获取最符合自身情况的建议。

社交中的"君子之风"

ISFJ 能够应付社交场合,因为他们有着出色的共情能力。然而,他们对社交有一定的选择性:他们更喜欢和熟人交往,而与不熟悉的人交往会让他们觉得是一种挑战。这并非因为他们缺乏沟通能力，而是因为每一次认识新的朋友都会消耗他们大量的社交能量。他们需要从头开始了解一个人，包括对方的外貌、神态以及言语间的微妙细节，这会使他们感到疲惫。

ISFJ 虽然认为与不熟悉的人交往是一种挑战，但他们并不排斥社交。为了迎合集体的需要，他们可以表现得格外开朗，这种表现常常让人误以为他们是 E 型人，甚至他们自己也会产生这种错觉。

ISFJ 虽然有很棒的共情能力，且善于和他人沟通，但他们并不渴求成为人群的中心人物，而更愿意做中坚分子，更愿意做支持者而非掌控者。因此，他们给身边人留下为人谦卑的印象，这很接近古人所讲的"君子之风"。ISFJ 本身也崇尚古人的谦逊美德——甘愿支持整个群体，却不居首位。

🌼 困境

ISFJ 在社交方面的困境是容易被身边人的意见带着走。当朋友们各抒己见，且发生意见冲突的时候，ISFJ 会感到无所适从。这种时刻，如果有人要求 ISFJ "站队"，会令他们非常尴尬，因为他们认为大家和和气气才是最重要的，而不要剑拔弩张。在这种情况下，ISFJ 会尝试在中间做"老好人"，但有时这种做法反而会让双方都责怪 ISFJ，可能会说他们"没主见""墙头草"，这会让他们感到十分痛苦和委屈。

🌸 进阶

不要怀疑自己

对 ISFJ 来说，真正的困难其实并不是如何"站队"，而是在他人不理解自己、不明白自己的好意，甚至中伤自己时，如何处理自身的情绪。通常来说，在发生冲突时维护集体和睦是恰当的选择，因此 ISFJ 首先不要怀疑自己，也不要在心里责怪自己缺乏主见。任何人都有拿不定主意的时候，解决冲突的关键不在于让某个"局外人"拿出让所有人心悦诚服的答案，而是让大家"坐下来，好好说话"。在这一点上，ISFJ 没有做错。

不急于辩护，先照顾他人情绪

当他人误解或中伤自己时，ISFJ 可以先让对方的情绪平复，而不是急于澄清自己。人们在受到中伤时，往往会下意识地想为自己辩护，渴望与人和睦相处的 ISFJ 更是如此。然而，在这种情况下，ISFJ 可以思考中伤自己的人此刻想的是什么：他们只会觉得 ISFJ 不维护自己、没有站在自己这边、没有替自己说话，简而言之，他们觉得 ISFJ 和自己不亲近。这是一种情感诉求，而非真的想批判 ISFJ。因此，比起为自己辩护，ISFJ 可以优先照顾对方的情绪。

先哄再讲理

然而，"哄人"并不容易，尤其是此时的 ISFJ 心里正承受着被他人误解的压力。这时，只要 ISFJ 能做到不被对方语言的表面意思迷惑，而是从情绪的角度意识到对方只是在通过夸大或扭曲事实来表达情感诉求，ISFJ 就能知道自己并没有做错，而对方是想要被支持、安慰、包容。总之，对方需要 ISFJ "哄"。ISFJ 可以把对方 "哄" 到冷静下来后，再说明自己的想法，这有助于对方理解自己，并让关系更加亲密。

任劳任怨的劳模

ISFJ 工作兢兢业业、勤勤恳恳，能够认真对待领导交给自己的工作。他们认真负责、忠诚可靠，以完成被交予的任务为第一目标，是值得信赖的执行者。对 ISFJ 来说，职场不仅仅是一个 "赚钱吃饭" 的地方，更是一个实现人生价值的地方。如果 ISFJ 所在的公司能够给予他们充分的人文关怀，他们就会把公司当成家。

ISFJ 希望自己的工作有清晰的目标和实现目标的步骤，同时希望自己能清楚领导对自己工作成果的具体预期。ISFJ 之所以喜欢清晰的目标，是因为他们倾向于按照既定的要求去达成最符合预期的结果，让一切相关计划可以顺利进行。ISFJ 十分善于应对那些对大部分人来说较为烦琐的工作。当身边人感到无聊至极时，他们依然能严谨地执行任务。

ISFJ 善于从事精细的工作，这和他们的天赋有关。他们善于捕捉细节。通常而言，他们对与数字相关的工作有较大的兴趣，并且能在要求精密操作的领域有优异的表现。另外，由于他们共情能力强且细心、耐心，他们在那些需要完成看护和照顾任务的行业同样表现出色，比如教育或医疗行业。

🌼 困境

ISFJ 在职场中面对的最大的困境是，当工作环境不稳定时，ISFJ 会感到未来难以预测。当 ISFJ 所在的行业遭遇经济波动，或公司出现裁员信号时，ISFJ 很容易陷入焦虑和自我怀疑。ISFJ 之所以会产生这些情绪，是因为他们看重稳定感，当失去了稳定感时，他们就会倍感困扰。这种处境下的 ISFJ，在专注力和效率方面会面临严峻挑战。

🌸 进阶

追求内心稳定

ISFJ 如果想要避免因环境变动而产生焦虑情绪，就必须把重心从追求外部稳定转向追求内心稳定。人生中的变动时常发生，应对变动的办法并非一味追求客观处境的稳定，而是增强自己面对波动环境的韧性，也就是孟子所说的"不动心"。

提高修养，开阔眼界

想要"不动心"，ISFJ 需要进行两方面的投入，一是提高自身修养，二是增长见识、经验。想要提高自身修养，ISFJ 可以主动在生活中的各个层面去实践自身信念，积极地把心中的道德准则应用于各种与人相处的场景。从表面上看，这似乎对应对职场等环境中的波动没什么帮助，但这种"修炼"能让 ISFJ 在积极帮助和照顾身边人的同时更加清楚自己的价值，从而更加坚信无论发生什么变化，自己都能找到体现价值的地方。

想要增长见识、经验，ISFJ 既可以通过积极参加各种活动开阔眼界，也可以通过阅读历史类图书和人物传记了解他人的人生经历，并从中获得超越自身经历的感性认知——也许自己一生从未经历过的变化，他人早已经历过无数次；也许自己从没面对过的困难，他人早已面对过无数次。当 ISFJ 积极增长见识、经验时，他们就能在自身处于波动环境时找到引路之石，战胜焦虑。

爆发吧，
ISFJ 的小宇宙

立足于家庭

ISFJ 如果想要得到长足的发展，可以把重心放在和父母、配偶，以及子女的相处上。

家庭，是社会的基本单元。当 ISFJ 能够积极主动地处理各种争执和矛盾，使家人们和睦相处时，他们的共情、沟通、情绪管理等能力就能得到很大的提升，从而使他们面对任何环境都能应对自如。因此，我强烈建议正在因个人发展感到困惑的 ISFJ 重视家庭和谐！

如何与 ISFJ 相处

不要因为他们谦和就轻视他们。

不要强迫他们立刻就某事表态。

不要在他们细心做事时催促他们。

不要觉得他们的关心是廉价的，那是他们的真心付出。

不要在他们难过时批评他们，这么做只会让他们更加难过。

多多告诉他们"你非常棒"。

多多关心他们的需求，并鼓励他们表达。

多多听他们说话，不要急于回应。

多多在他们犹豫不决时给予帮助和建议，他们喜欢参考他人的建议。

多多关注他们努力的行动，这是他们真心实意对待某事的证明。

想对 ISFJ 说的话

累了，就休息一会儿，

别给自己太大压力。

你已经很努力了，

你只是需要更多时间去处理当下的问题。

面对未来，如果你感到忧虑，

请你记得——你非常棒，

你值得被身边人认可和欣赏，

因为你总在替身边人考虑。

你的默默付出，必会得到回报！

ESTJ

让每块石头都找到它的位置

你是这样的 ESTJ 吗

ESTJ 追求卓越，但这并不一定意味着他们想要站在顶点，他们更在意的是变得优秀。不管处于什么样的情境，ESTJ 都有发挥影响力的渴望。因为在他们看来，只有充分发挥影响力，才能真正实现自身的存在价值。为了变得优秀，ESTJ 可以付出长期的努力，他们喜欢通过充分的分析来面对一切问题。

☐ 生当作人杰，死亦为鬼雄　　☐ 讨厌空谈和虚无缥缈的理论

☐ 以理服人　　　　　　　　　☐ 计划必须清晰明确

☐ 用事实陈述解决冲突　　　　☐ 认为效率至上

☐ 喜欢挑战　　　　　　　　　☐ 想要做出最理智、最正确的决定

☐ 愿意接受多元化事物

海瑞（明代著名清官）

海瑞为人正直，为官清廉，是当时明代官场上的"另类"。他出身贫寒，生活节俭，对母亲十分孝顺，在做官时虽然屡次遭到当时官场腐败现象的挑战，但他毫不畏惧，严守清廉之风，并且仗义执言，勇敢与当时的腐败官员做斗争，做了不少造福百姓的好事。他离世之后，被后人称为"海青天"。

一定要优秀

"生当作人杰，死亦为鬼雄"，这句诗特别适合用来形容 ESTJ 的价值观。ESTJ 的目标是成为出色的人，从心理学家亚伯拉罕·马斯洛提出的需求层次理论来看，这就是 ESTJ 的"自我实现"。ESTJ 从小受周围环境的影响，不难发现一个现象：当人足够优秀时，就能够拥有更多体现个人价值的空间和资源。因此，他们往往在成长的早期就决定要变得优秀。

ESTJ 在面对客观世界时，倾向于"以理服人"，喜欢"运筹帷幄"。有的 ESTJ 会把世界看成一个巨大的考场，在这个考场里，每个人都是考生。要在有限的时间里拿到最高的分数，就需要充分发挥能力，凡事找到最优解，并且能未雨绸缪，以便从容应对所有状况。

有的 ESTJ 会把世界看成一个举办残酷生存竞赛的赛场。这种价值观并不是与生俱来的，而是他们在成长过程中，因目睹了许多无力改变的残酷现实而通过个人总结得出的想法。他们会认为，自己必须成为优秀的人，才能远离不安的因素，保护好自己爱的人。

🌼 困境

当 ESTJ 遭遇了"不可抗力"的冲击时，他们的价值观会受到严峻挑战。人生在世，总会有预测不到的事情发生，就个人而言，有可能身患重疾，有可能突然失去亲人，有可能遭遇严重的财务危机。当这些无法改变的悲剧出现在生活中，且没办法依靠个人能力避免时，ESTJ 就会遭遇信念危机。

重视家人

ESTJ 如果想避免因"不可抗力"的冲击而产生信念危机，首先要做的是更加重视爱自己的家人。家是避风港，家人是无论自己优秀与否都会常伴自己左右的人，因此，ESTJ 需要更加注重与家人和睦相处，并且无条件地支持和关爱家人。

多多帮助他人

其次，ESTJ 要重视在生活中对他人的帮助。"赠人玫瑰，手留余香"，在自身顺利的时候多多给予他人帮助，当自己遭遇"不可抗力"的冲击之时，才更有可能反过来得到他人的支援。

常常反思

最后，ESTJ 需要在平时多注意反思过往人生：有没有善待他人？有没有对他人刻薄？有没有在背后议论他人？有没有在他人有求于自己的时候慷慨相助？有没有宽恕伤害过自己的人？经常思考这些问题，有助于 ESTJ "清理"内心的愧疚感。当他们知道自己过往哪里做得不够好时，就可以及时改正。这对他们保持心理健康至关重要。

社交的"两个目标"

一般来说，ESTJ 倾向于和两类人群社交：第一类是在专业领域里有卓越表现的人，第二类是亲人、同学和朋友。ESTJ 之所以喜欢和第一类人社交，是因为他们相信当拥有丰富知识和经验的人聚集在一起时，可以彼此学习、交流，使各自更加出色。ESTJ 发自内心地想要从出色的人身上获得知识、汲取经验。

ESTJ 在与亲人、同学和朋友社交的时候，会表现得热情亲和。他们非常善于组织活动，也能够根据现场气氛调整发言内容。ESTJ 在与亲近之人的社交活动中往往处于中心位置，因为他们热爱讨论生活见闻和各种社会事件，并在此过程中，乐于帮助他人辨析各种观点的真伪，纠正各种信息的谬误。

对 ESTJ 来说，社交应当是一种能学到东西或收获快乐的活动，他们往往只会在能实现这两个目标之一的情况下主动社交。这并非因为 ESTJ 冷酷，而是因为 ESTJ 格外重视节省时间，他们需要大量时间去提升自己。他们认可"人生短暂，成功要趁早"。当 ESTJ 进入比较平稳的人生阶段时，他们可能会适当扩大自己的社交圈，主动结识不同的人。

困境

ESTJ 在社交中的挑战主要体现在和至亲的交流上。ESTJ 往往性格比较强势，喜欢发表自己的观点。在和关系不亲近的人相处时，他们会顾及对方的感受，然而在与伴侣或子女相处时，他们则会"想什么，说什么"。由于他们的观点总是拥有充分的逻辑基础，因此身边人往往难以反驳他们；即便遭到反驳，ESTJ 也有可能无所顾忌地把交谈变成一场辩论。ESTJ 只顾争辩对错，却不顾及亲近之人感受的行为常常让身边人感到受伤。

进阶

不要太过"讲理"

如果 ESTJ 想要与至亲和睦相处，就需要注意自己表达时的措辞与态度。ESTJ 在说话的时候，总是太过"讲理"，往往下意识地认为所有人都会按照他们的逻辑来思考和理解问题。这种想法让他们即便在自己的言语让对方感到难过时，也可能斥责对方"不讲理"，说出"哭什么哭，明明是你自己不对"这类更伤人的话。

认识到逻辑思维的局限性

ESTJ 需要理解，用逻辑思维进行思考仅仅是认识世界的方式之一，并非所有人都习惯使用逻辑思维进行思考，所以即便 ESTJ 的观点在逻辑上完美无缺，也不代表这种观点对他人来说是无可辩驳的或值得采纳的。

谨慎使用语言

ESTJ 要知道，相比于分辨对错，更重要的是体谅身边人的感受。用来指责别人的一句话换一种说法也可以用来启发别人。当 ESTJ 将自己的角色从"教师"转换成"同学"时，他们就能更好地理解身边人的感受，从而维护好关系。

天选职场人

ESTJ 把工作视为实现自身价值的途径，因此他们会在工作中力争上游，并以达成最佳表现为目标。ESTJ 十分适应竞争环境，因为对他们来说，竞争可以激发出一个人最大的潜力。当 ESTJ 面对职场竞争时，只要规则公平，无论输赢，他们都能尊重结果。而一般来说，他们往往是赢的那一方。ESTJ 之所以常常能在职场中表现出色，是因为他们心思缜密、思维清晰、能量充沛，且善于应对各种挑战。

　　无论是从事基层工作，还是管理工作，ESTJ 都能应对自如。ESTJ 拥有洞察细节的能力，他们不仅能在从事基层工作时积累大量经验，还能在成为领导者之后做到关注下属的工作细节。他们认为细节往往有决定成败的作用。ESTJ 在跃升到更高的领导层之后，会发挥出色的指挥能力，作为一线指挥员，领导下属们"冲锋陷阵"。

我说我最怕人生没意义，你说你最怕小虫子

ESTJ 在工作中付出了努力，就会期待得到认可与公平的回报。他们之所以希望在职场中得到关注和肯定，不仅仅是因为要满足自己的心理需求，还因为他们重视制度的合理性。如果做出了成绩而得不到奖赏，那么这个制度在他们看来就缺乏合理性。ESTJ 也不介意在自己工作出错后受到批评或惩罚，他们认为只要处罚能做到公正，就是一种恰当的安排。

🌼 困境

ESTJ 十分善于应对挑战，所以他们在职场中往往容易表现得相对激进，尤其是当他们身处管理岗位时。在 ESTJ 的观念里，效率是第一位的。他们不排斥用最有效率的方式去鞭策下属，从而完成工作任务。因此，ESTJ 带领的团队常常能实现较高的产能，但无法具备可持续性。毕竟长期以这种激进的管理模式对待下属，很容易让下属感到疲惫不堪，甚至产生怨恨情绪。

🌸 进阶

重视效率与团队士气

ESTJ 的效率至上作风，在企业面临机遇和挑战时是不可或缺的。然而，在相对平稳的时期，ESTJ 在重视效率的同时也要关注团队士气。从长远来看，团队士气是一个企业或部门能否维持良好表现，以及能否迸发创造力的关键因素。因此，如果 ESTJ 能够适当地放宽对效率的严格要求，就能给身边人带来一种"原来领导还是很有人情味的"的印象，对团队维持高水平表现有重要作用。

与善于共情的人合作

我建议 ESTJ 可以考虑寻找善于共情的 F 型人作为搭档。如果 ESTJ 是创业者，可以寻找 F 型人作为合伙人；如果 ESTJ 是经理，可以在下属中寻找 F 型人作为助理；如果 ESTJ 是一线工作者，可以在工作中多与 F 型同事沟通合作。通过与 F 型人相处合作，ESTJ 不仅能得到情感支持，还能在表达时得到 F 型人的理解和"翻译"。如此一来，在许多不了解 ESTJ 想法的人眼里"苛刻"的安排，也能够在 F 型人的帮助下，被正确理解为鞭策和激励了。

成为"无短板"的全能型人才

木桶能装多少水，取决于木桶最短的那块板的长度，这是著名的"木桶理论"。木桶理论揭示，补齐短板至关重要，而 ESTJ 在工作方面的短板就是不擅长"感性管理"。所以，ESTJ 不妨在工作或业余兴趣活动中多多尝试与他人进行感性交流，这将大大提高 ESTJ 的沟通能力，帮助他们成为"无短板"的全能型人才。

爆发吧，
ESTJ 的小宇宙

优先考虑管理岗位

我建议 ESTJ 在职业发展中多考虑能够发挥领导力的管理岗位，因为管理工作能让他们更好地发挥天赋。年轻的 ESTJ 可能普遍会面临一个问题：自己当前从事的工作和管理毫无关联。在这种情况下，我建议年轻的 ESTJ 提前做好努力晋升至管理岗位的计划。因为对 ESTJ 而言，管理不仅是他们的优势，还是一种乐趣；不仅有助于他们创造社会价值，还对他们实现自我价值有重要意义。

多多陪伴家人

在生活中，家人对 ESTJ 的意义，远远超出他们自己的认知。很多 ESTJ 认为，他们辛苦工作是为了整个家庭，自己努力工作，是关爱家人的表现，家人自会理解。实际上，他们更应明白：对家庭的物质贡献永远代替不了自己对家人的陪伴。

如何与 ESTJ 相处

不要和他们争论，静静听他们表达。

不要强迫他们接受你的看法，而应求同存异。

不要觉得他们太冷漠，他们只是喜欢通过讲道理来表达感情。

不要在意他们的"棱角"，他们只会在亲近之人面前展示最直白的一面。

不要否定他们的关心，哪怕你并不需要。

多多感激他们为你提出建议，因为他们的建议里饱含对你的关切。

多多承认他们观点中的逻辑性，但你仍然可以保留自己的意见。

多多告诉他们，你理解他们的出发点是关心你。

多多体会他们说教时的急切心情，不要觉得他们只是为了说教而说教。

多多让他们知道你当下的感受，好让他们把重点放在照顾你的情绪上，而不要直接否定他们。

想对 ESTJ 说的话

种瓜得瓜，种豆得豆，

追求优秀的你，必然会变得优秀。

只不过，在这个过程中，

不要忽视了身边那些陪伴和支持你的人，

明白他们不一定能陪你走到终点。

因此，珍惜此刻吧！

他们陪伴你，不是为了从你这里得到什么回报，

而是因为他们爱你，

无条件地爱你。

无论何时，请你记得他们给你的爱。

ESFJ

新花新叶新暖日，我在平凡处种春天

你是这样的 ESFJ 吗

ESFJ 性格温和，十分善解人意，开朗而不失礼貌，善于照顾他人又不会给他人压迫感。生活中，有 ESFJ 的地方就有欢声笑语。他们既能共情他人，也能把握分寸，不过分影响他人。ESFJ 总能恰到好处地带给身边人温暖，这让他们成为团体中的"暖宝宝"。

□ 微笑天使　　　　　　□ 靠谱儿

□ 天生的合作者　　　　□ 社交高手

□ 重视人际关系　　　　□ 真诚务实

□ 喜欢被需要的感觉　　□ 讨厌冷漠

日暮戈薇（日本漫画《犬夜叉》的女主角）

日暮戈薇身为一名生活在现代的少女，却穿越到了日本战国时代，机缘巧合下与半妖犬夜叉踏上了寻找玉石碎片的旅途。戈薇善良坦率，充满正义感，在旅途中，常常表现出十足的勇敢，总是在紧要关头拯救犬夜叉的性命，甚至经常不顾自身安危也要维护犬夜叉。在与犬夜叉渐生情愫的过程中，戈薇表现出了大度和直率，并果断表达自己的爱意，犹疑不定的犬夜叉最终也确定了自己的心意，两人幸福地生活在一起。

从人际关系中感知美好

ESFJ 在成长过程中往往更容易认同主流价值观，包括和谐、平等、博爱等理念。这种倾向源于他们善于从人际关系中感知美好。在日常生活中，ESFJ 始终坚信社会建立在人们相互关心的基础上，真正的幸福源于个体对他人持续的情感付出。这种认知使他们在被关心时由衷地感到温暖和幸福，进而他们会将整个社会视为一个"大家庭"，那些倡导人际联结的价值理念恰好契合他们的深层情感需求。

ESFJ 喜欢从微观视角观察人与人之间的善意。他们倾向于聚焦具体社会事件，通过分析事件中的细节感知群体价值观。也许 ESFJ 不会公开发表自己的看法，但他们会仔细研究他人的看法，以此了解整个群体的价值观。他们如果认同群体价值观，就会产生温暖的归属感；若存在认知差异，他们则会系统审视多方观点，在理解分歧中寻求共识。

ESFJ 在做人生决策时，既会考量主流价值观，也会结合亲身经历。他们会优先选择能够平衡社会期待和个人认知的方案。

🌼 困境

ESFJ 是主流价值观的倡导者，也是人际关系的协调者，他们非常善于帮助他人建立关于社会的正确认知。然而，当 ESFJ 自身的看法与大众观点大相径庭时，他们可能会陷入深度的焦虑，突然间丧失主见，并且难以确定该如何继续工作和生活。在这种情况下，他们会质疑自己为什么没能和集体的步伐保持一致。如果他们得不到自洽的答案，就会一直钻牛角尖，持续自我怀疑，陷入极度缺乏安全感的状态。

寻求参考意见

当 ESFJ 自我怀疑时，最需要的就是可靠的参考意见。ESFJ 可以咨询权威人士和阅历丰富的长者，从与他们的对话中获取自己想要找到的答案。ESFJ 还可以与能够为自己提供安全感的支持者沟通，询问他们的看法，助自己走出当下的困境。

社交小能手

ESFJ 善于社交，他们天生拥有很强的倾听能力和意愿。ESFJ 不太会在还没有开始倾听他人的观点时就直接阐述自己的想法，但与朝夕相处的家人或伴侣相处时除外。他们不管是对待老朋友，还是对待初识的人，都能耐心倾听对方的话。尽管有时他们未必认同对方的看法，但他们依然会尊重对方的表达欲望。

除了善于倾听，ESFJ 还十分善于共情。在逻辑思维层面与对方建立连接往往不是他们的首选，他们更倾向于通过理解对方话语里的情绪来与对方达成情感上的互通。虽然 ESFJ 的共情能力很强，但他们并不会刻意介入对方的问题，不会总想着"教对方做事"。他们更多的是在理解对方之后，通过关心和鼓励的方式为对方提供情感方面的支持。这种支持他人的方式，常常让他们成为社交场合里的"小太阳"。

ESFJ 具备出色的倾听和共情能力，以及既能支持他人又不会让他人反感的特点，因此他们在各种社交场合中都能稳定发挥。无论与什么类型的人相处，ESFJ 都能给对方留下温暖而有分寸、开朗且识大体的印象。

🌼 困境

虽然 ESFJ 拥有出色的社交能力，但他们在社交方面仍会遇到难题：对于与自己遵循完全不同社交规范的人，ESFJ 在与他们相处时，忍耐力会大大降低。ESFJ 一直遵循社会普遍认可的社交规范，但如果社交对象表现出极为反常的社交行为，ESFJ 就会觉得被冒犯。无论对方的身份地位如何，当他不尊重社会普遍认可的社交规范时，就会给 ESFJ 一种对方在彻底否定自己的感觉，让社交难以继续。一旦 ESFJ 遇到如此对待自己的人，就会对对方形成十分糟糕的印象，这份不愉快的记忆可能还会对他们产生长期的负面影响。

从不愉快的记忆中解脱

对 ESFJ 来说，对他人形成糟糕印象并不是一件时常发生的事，而一旦某人给 ESFJ 留下了糟糕印象，就很难轻易抹除。究其原因，是对方的言行挑战了 ESFJ 的价值观。如果 ESFJ 想从与对方相处的不愉快的记忆中解脱，需要经历两个步骤：第一步是原谅，第二步是建立新的愉快记忆。

学会原谅，能更好地消解不快体验给 ESFJ 带来的持续伤害。原谅一个人的前提，是承认对方的言行确确实实对自己造成了伤害。承认这个事实之后，就要意识到自己和对方的不同之处，因为不管对方出于什么动机，双方产生矛盾往往是因为价值观方面存在巨大差异。当 ESFJ 了解了这种差异后，就能理解对方的言行可能并非针对自己，而是在特定环境下的习惯性表达。简而言之，对方并不是针对自己，而是他不管遇到谁都会这样说、这样做。

需要指出的是，ESFJ 要原谅的是对方本人，而不是他的言行。原谅和释然的过程是重中之重，ESFJ 在原谅了对方本人之后，就可以试着通过新的契机与对方建立新的愉快记忆，以此治愈曾经的伤痛。

工作多面手

ESFJ 在工作上具备多方面的能力：他们既能胜任精细的工作，也能承担管理职责，无论做什么都会按照工作标准严格要求自己。他们可以是多面手，也可以是专业人士；可以是秘书或助理，也可以是经理或负责人。相对而言，他们更喜欢涉及人际沟通的工作，因为这能够充分发挥他们的社交天赋。他们也不排斥需要专注、严肃的工作，因为他们能在工作中高度集中，而对人际互动的需求可以留到下班之后与同事们聚餐时再满足。

ESFJ 倾向于通过积累经验逐步实现职场成长。对他们来说，与人共事的经验是不可或缺的，因为他们善于通过协作快速学习和成长。当 ESFJ 在职场中有可靠的领导或前辈给他们提供指导时，他们能展现出极高的热情和学习能力。反之，如果工作环境中缺乏可学习的对象，他们的天赋就会受到限制。因此，"找对师傅"对他们来说尤其重要。

🌼 困境

ESFJ 在职场中通常会面临两种挑战：第一种是从事创意类工作，第二种是加入无秩序团队。创意类工作的核心在于突破常规思维，这与 ESFJ 喜欢按部就班的工作风格截然相反；无秩序团队的问题在于缺乏意见领袖，群体难以形成统一观点，这会让 ESFJ 不知道该听取谁的意见，在工作中手足无措。

🌸 进阶

尽早培养相关素养

如果 ESFJ 想从事创意类工作，需要在求学时期就开始注重培养创意和艺术素养，这可以帮助他们较早建立独树一帜的创作模式。同时，我建议 ESFJ 尽早确定自己想要从事的具体创意工作，并在校园时期就提前进行练习和创作。这有助于 ESFJ 提早获得宝贵的实践经验，在积累了一定经验后，ESFJ 无论是想在学习还是工作中有进一步提升，都会容易得多，且可以避免因激烈竞争产生压力。

凝聚团队力量

面对无秩序的团队时，ESFJ 首先需要识别团队中谁的意见最有助于凝聚团队力量。对一个秩序混乱的团队来说，首要任务是达成一致性。只有形成共识，大家才能齐心协力朝着同一方向努力，即使结果不尽如人意，也能快速调整方向，尝试其他方案。否则，混乱的团队不仅会原地踏步，还可能会逐渐分崩离析。因此，在这种状态下，ESFJ 应优先支持能够凝聚团队力量的主张和同事。

找到支持自己的中坚分子

当然，ESFJ 自己也可以成为团队力量的凝聚者，提出并贯彻团队的战略方针。如果 ESFJ 决定这样做，我建议他们首先找到愿意支持自己的中坚分子，形成人数上的优势，再争取中立人士的支持，最后说服持反对意见的人。ESFJ 具备出色的沟通能力，善于争取他人支持。只要在此过程中注意持续倾听并有选择地采纳他人建议，ESFJ 就能加速摆脱无秩序困境的进程。

爆发吧，
ESFJ 的小宇宙

多体会 "人间疾苦"

如果 ESFJ 想进一步发挥自己的天赋优势，我建议他们多体会 "人间疾苦"。这并不是说 ESFJ 是享乐主义者，而是希望他们能通过亲身经历或接触相关人群、文学影视作品，更深入地理解世间苦难。这种体验能让他们对经久不衰的社会主流价值观更加认可，像 "勿以恶小而为之，勿以善小而不为" 这样的智慧箴言，将更容易被 ESFJ 内化，并能更好地指导他们的人生。

多多尝试，丰富阅历

ESFJ 在人际交往方面具备天赋，因此他们在主持、外部联络、公共关系、客户发展、人力资源等领域都能表现出色。如果 ESFJ 想要从事相关工作，我建议他们尽早积累丰富的阅历。无论是社团活动、交换生计划，还是校外志愿者活动，都值得多多尝试。这些经历不仅能增加 ESFJ 与不同人相处的经验，还能帮助 ESFJ 发展在各种场合下都能与他人高效合作的能力。

考虑从事教育和服务行业

　　ESFJ 同样适合从事教育和服务行业。无论是从事学前教育还是高等教育工作，他们都能有很好的表现，因为他们细致耐心且沟通能力强。ESFJ 在服务行业中也能出色地发挥与人沟通的才能，因此，销售、餐饮、旅游等行业都能为他们提供不错的发展空间。可以说，只要是看重人际交往能力的地方，就有 ESFJ 发光发热的身影。

如何与 ESFJ 相处

不要当众批评他们。

不要只讲道理而毫不顾及他们的情绪。

不要一味拒绝他们的好意，这会让他们很受伤。

不要给他们灌输太多负面情绪。

不要忘记他们也需要他人的共情。

多多夸赞他们，不必过于刻意，实事求是地给予肯定就好。

多多让他们知道你有多喜欢他们。

多多感激他们的陪伴。

多多欣赏他们为了让大家和谐相处而做出的努力。

多多关心他们，因为他们的内心中一直住着一个充满善意的小孩。

想对 ESFJ 说的话

你是温暖的阳光，

照亮他人的路，却从不灼伤谁的心。

你是田野里的春风，

给他人带来清爽，却不会留下一丝寒意。

你是开朗的，是澄澈的；

你是体贴的，是纯粹的。

这世界因为有你而更加丰富多彩。

无论世界怎样变化，愿你始终乐观如初，

因为当你微笑时，世界也跟着你扬起了嘴角。

ISTP

生活是待拆的礼物，我亲手触碰真理

你是这样的 ISTP 吗

ISTP 给人留下的第一印象常常是——酷。这不单单是因为他们拥有充满个性的审美，还因为他们总能保持内心的冷静。当他们凝视他人的时候，仿佛能透过对方的眼睛，看到对方内心深处的角落。ISTP 拥有很强的逻辑思维和出色的细节观察力，因此，他们总能应付许多突发难题。他们喜欢思考，善于揣摩，同时又具备与想法相匹配的行动力，一旦发现感兴趣的事物，他们就会像猎豹一样扑上去，仔细探索，直到挖掘出所有"秘密"为止。

□ 冷静的探索者　　　　□ 善于思考和揣摩

□ 享受用逻辑重塑秩序　□ 乐于创造
　　的快感　　　　　　□ 在意效率

□ 有自己独特的审美　　□ 出色的细节观察力

□ 抗拒被规则捆绑　　　□ 拥有独立性与自主性

罗罗诺亚·佐罗（日本经典漫画《航海王》中的角色）

罗罗诺亚·佐罗是出色的三刀流剑士，他有着与对手决一生死的勇气与魄力，且在战斗中非常冷静。佐罗的内心是充满热情的，他重视友情，能够为朋友们出生入死。他对剑术有着极高的追求，立志要成为"世界第一大剑豪"。在与同伴们一同航海的途中，佐罗是同伴们时时刻刻都能够依靠的对象，是船长蒙奇·D.路飞强有力的臂膀。

善于创造

ISTP 热爱并擅长创造，他们善于从生活经历中汲取灵感，并把这些灵感组合起来，最终创造出富有美感的全新作品。他们不会让创造力仅仅停留在脑海里，而是更倾向于动手实践。如果对实践结果不满意，他们会果断选择重来，而第二次的尝试往往能创造出一个和之前完全不同却更加出色的作品。

观察、分析、假设、实践——这四个步骤是 ISTP 在面对大多数问题时首选的应对方式。从逻辑上看，这是最合理的解决问题流程；但从可操作性上看，并不是所有人都能完整执行这四个步骤，有人只擅长观察，有人只擅长分析和假设，有人只擅长实践。然而，ISTP 不仅善于观察、分析和假设，还善于动手操作。因此，我们可以说 ISTP 是人群中的"全能选手"。这种全面的能力也造就了他们面对难题时处变不惊的态度：他们相信，一切问题都有办法解决。

ISTP 对创造有着浓厚兴趣，同时具备独立解决问题的能力，因此他们倾向于独自面对生活中的挑战。对 ISTP 来说，不能独立解决问题意味着不得不去依靠他人，这是他们不能接受的。因为他们不习惯请求别人帮助，宁可花费大量精力去掌握解决问题的技能——尤其是在他们认为应该由自己完成的工作上。出现这种倾向并非完全因为 ISTP 相信自身的能力，有时也因为他们不知道该怎么向他人寻求帮助。

🌼 困境

ISTP 很少遇到无论如何也无法克服的困难，然而，一旦他们遇到了这种级别的困难，他们就会陷入深深的自我怀疑。他们会感到灰心、无助、沮丧，甚至痛苦。他们可能会沉浸在失落感之中，且不愿意去寻求他人解救，长此以往，就会造成身心损伤。

「全能选手」

🌸 进阶

培养寻求帮助的能力

如果 ISTP 想要摆脱失落感，那么他们不单单要使自己变得更强大，还需要培养寻求他人帮助的能力。ISTP 首先需要改变的是对寻求他人帮助的成见，这意味着他们要承认——没有任何人能够独自克服一切困难。正因为人的个体能力不足以克服所有困难，才有了人与人之间互相帮助、互相关照的空间。人是群居的，人不能否认自身的社会性。ISTP 需要打破"求助等于乞讨"的偏见，不要认为寻求他人帮助就是自身能力不足的表现，ISTP 应明白，能够寻求他人帮助也是一种宝贵的能力。

社交回避者

ISTP 通常对社交活动缺乏兴趣，因为他们觉得社交并不能直接解决实际问题。ISTP 更倾向于通过兴趣与人建立联系，而非单纯地坐下来交谈。值得注意的是，ISTP 不是不擅长与人交流，只不过他们十分看重思想的原创性和审美品位。如果一场对话无法在这两个维度上吸引他们，他们就会觉得对话太"干瘪"，转而去做在他们看来更为有趣的事。

我说我最怕人生没意义，你说你最怕小虫子

兴趣社交是 ISTP 最认可的社交方式。无论是运动、演奏乐器，还是切磋技艺，这些活动都能让他们在享受乐趣的同时，了解对方的智力水平和审美品位。ISTP 欣赏高智商的人，因为与这些人交流总能给他们带来一些新的启发；但他们不喜欢自负的人，因为这些人往往高估了自己的智力水平。

ISTP 喜欢与有品位的人交往，因为他们自身对美有着独特的见解。在他们看来，美既是一种感官体验，也是一门科学。他们认为，美在某些层面上，只能通过直接感受触及，但在另一些层面上，却能用理性思维分析。这种双重特性让他们着迷。因此，ISTP 认为真正有品位的人需要兼具两种能力：对美的感知能力和对美的分析能力。

🌼 困境

ISTP 非常容易感到寂寞，他们极度渴望亲密感。这种亲密感的实现并不依赖于语言交流或身体接触，而是依赖于心灵上的同频。ISTP 就像一个跃动的音符，内心期盼着另一个音符的出现。然而，他们既不善于表达这种渴望，也不太擅长正面回应他人的情感信号，从而使寂寞加剧。

🌸 进阶

在亲密关系中保持谦卑

亲密关系是 ISTP 的必修课，这堂课包含三个核心元素：谦卑、真实，以及感受。对 ISTP 来说，学会在亲密关系中保持谦卑，是他们必须跨越的第一个门槛。ISTP 容易把平时独立解决问题的习惯直接带进亲密关系中，当出现矛盾时，他们可能会下意识地把对方当成问题来"解决"。然而，当 ISTP 带着工程师式的逻辑去处理情感问题时，只会让对方感到自己被当成了无生命的物体。这不仅无益于化解矛盾、改善关系，还会进一步使对方的误解加深。因此，ISTP 首先需要放下"武器"，以谦卑的姿态去处理亲密关系中的问题。

培养真实表达的习惯

真实，似乎对 ISTP 来说是最容易做到的，因为他们的性格本就直来直去。然而，在面对亲密关系时，他们却很难做到有话直说。不是因为他们不能直说，而是他们说出来的内容往往和他们真正想表达的意思存在很大偏差。T 型人普遍都有"想着一首诗，却说了一个公式"的困扰，ISTP 尤其如此。他们总是倾向于通过理性思维表达自己的感受，结果让对方听得云里雾里。对于这个困扰，我建议 ISTP "做回小孩子"——用最直接的方式表达自己的真实情感，跳出逻辑分析，更不要"出题"让对方猜答案。

关注对方的感受

由于 ISTP 非常注重实际且善于思辨，因此他们很擅长认清事实和发现他人的逻辑漏洞。在亲密关系中，这些习惯尤其要"封印"，因为维护好亲密关系的重点往往是关注对方的感受，而不是感受背后的事实和逻辑。比如，对方向 ISTP 抱怨自己总是迟到，这时，尽管迟到的客观原因确实和对方不够自律有关，但如果 ISTP 直接告诉对方"是因为你不够自律"，那就毁掉了一个安慰对方的机会。在亲密关系中，ISTP 想要照顾对方的感受，就需要更多地站在对方的角度去看待问题，同时避免固守"解题思维"。因为照顾他人感受这件事，相比于数学中的求解题，更接近语文中的阅读理解题，需要 ISTP 理解对方的情感需求，并加以关心。对于上面的例子，ISTP 就可以说："你是不是拿自己一点儿办法也没有？要不然我来监督你起床如何？"还要注意，说到就要做到。

全能型人才

ISTP 适合从事的行业多种多样，包括和美有关的影视、设计行业；和科技有关的人工智能行业；和商业贸易有关的金融、电子商务行业；需要手工技艺的传统手工艺行业等。只要 ISTP 对相关领域的工作有兴趣，就可以充分发挥自己的天赋。他们唯一不太擅长的工作是需要持续使用共情能力的工作，这与其在亲密关系中容易遇到挑战是同一原理。

ISTP 重视工作中独立决策的自由，如果不能拥有决策权，那么至少要允许他们尝试自己的选择。在职场环境中，越强调"单兵作战"能力的工作,越适合 ISTP。他们对此类工作也抱有很高的热情,一方面是因为他们不会被他人打扰,另一方面是因为他们在执行上能拥有较高的自由度。一般来说,他们更适合从事那些独立开发、独立设计或独立运营的工作。

ISTP 在从事管理工作时喜欢亲自掌控细节,对他们的下属来说,这是一种较为严苛的管理模式。在 ISTP 的"铁腕"下,下属无法偷懒,并且总要拿出能够达到高标准的成果。从 ISTP 自身的角度来说,他们往往对"因为螺丝没拧紧,导致火箭升空彻底失败"这类错误尤为在意,他们绝不允许自己或团队因为细节上的疏漏而断送长期的努力,所以即使这种管理模式很消耗体力,ISTP 也不会放弃掌控细节。

🌼 困境

由于 ISTP 总是格外专注于解决问题,因此他们在工作时常常不会表现出丰富的情感,总是以冷峻的表情示人,让同事感到难以接近。在某种意义上,这种"生人勿近"的气场是好的,能帮助他们不受打扰地完成自己的工作,但许多时候也会出现副作用:他们会忽略身边同事的需求,或是忘记答应过别人的事。ISTP 有这些表现并非出于故意,但这确实会让同事感到不被重视。

🌸 进阶

关注他人的价值

如果 ISTP 想要在工作中能顾及同事的感受，首先就需要注意到对方的价值。ISTP 在重视自己工作内容的同时，还应当积极主动地与同事多多沟通交流，了解他们的工作心得，从而发现他们在工作中不可替代的独特价值。

重视他人，遵守承诺

其次，ISTP 需要有意识地关注他人的信息，以及遵守对他人许下的承诺。便利贴和记事本就能帮助 ISTP 解决因专注工作而忽略同事的问题。在便利贴和记事本上记录的内容不一定只是会议时间或工作日程之类的事项，也可以是同事的性格、喜好之类的信息。需要注意的是，要记得尊重他人的隐私和边界，适度关心同事。

学习共情

最后，如果 ISTP 发自内心地想要与同事友好相处，就必须学会共情。共情对 ISTP 来说，往往是他们倾向于最后发展的能力。因为在可选择的情况下，ISTP 会优先发展那些能够解决实际问题的技能，而共情能力无法让他们直接解决问题。然而，在与同事相处的过程中，ISTP 需要承认，共情的力量是巨大的，它能够让人们更加愿意相信彼此，从而友好相处。

爆发吧，
ISTP 的小宇宙

学习一种乐器

如果 ISTP 想要在生活中实现平衡发展，我建议 ISTP 可以学习一种乐器。学习乐器需要具备节奏感，而 ISTP 正好擅长把握节拍。我建议 ISTP 学习乐器，不仅因为音乐可以带给他们快乐，还因为 ISTP 可以在弹奏乐器的过程中更好地理解自己的感受。

尝试音乐创作

除了学习乐器，ISTP 还可以尝试音乐创作，其目的并不在于让 ISTP 以此谋生，而在于让他们通过音乐创作来表达心中的感受。对 ISTP 来说，单纯的文学创作存在更大的挑战性，因为相比于意象，他们更看重直接的感官冲击。因此，音乐创作是更适合 ISTP 的抒情方式。

身体是本钱

　　如果 ISTP 想要长期保持良好的表现，就需要更加注意饮食、运动和睡眠。ISTP 无论做什么都会全身心投入，这就会格外消耗脑力和体力。如果脑力和体力中的任何一方面缺少能量，就会十分影响他们的表现。因此，ISTP 需要格外注重饮食、运动和睡眠。

如何与 ISTP 相处

不要在他们专注的时候干扰他们。

不要强迫他们接受你的要求，他们会很反感。

不要觉得他们像石头，他们只是不擅长表达感受。

不要觉得他们什么都能独立完成就不需要他人的关心。

不要觉得他们没有弱点，其实他们在亲密关系中很脆弱。

多多陪伴他们。

多多鼓励他们发展兴趣。

多多在他们生闷气时询问缘由，鼓励他们说出心里话。

多多主动对他们提供帮助，并告诉他们"谢谢你给了我一个助人为乐的机会"。

多多为他们提供独立做事所需的充足空间。

想对 ISTP 说的话

这个世界是多元的，

你不必成为他人，

你有属于自己的独特之美。

也许你最引以为傲的是你的思维，

但最珍贵的，却是你孩童一般的心。

或许你未曾察觉，

真正引领你走入人生游乐园的，是你的心；

而你的思维，则是心的"仆人"。

常常回忆童年吧，那里有最真实的你。

ISFP

这一生只愿平凡快乐，谁说这样不伟大呢

你是这样的 ISFP 吗

ISFP 性格随和、沉静，但内心火热。他们渴望自由，想要找到一个人人平等、和睦相处的"桃花源"。在生活中，ISFP 擅长照顾他人，总是为身边人着想，他们往往乐于替他人背负身上的担子。在自己的事情上，ISFP 总是坚守着一种浪漫主义，他们不渴望卓越的成就，却想要从最平凡的生活中感受超越平凡的美。

□ "反内卷" 大师　　　　□ 热爱走心的社交

□ "反计划" 人士　　　　□ 温和善良

□ 活在当下　　　　　　□ 不喜欢管理他人

□ 乐于享受"人间烟火气"

琼恩·雪诺（美剧《权力的游戏》中的角色）

身为北境贵族史塔克家族私生子的琼恩·雪诺，有着勇敢、侠义的性格。他在临近成年时，选择成为守边部队"守夜人"的一员，在寒冷的北部抵御野人和其他威胁，守护维斯特洛大陆。然而，在与野人的接触中，他逐渐认识到野人并非都是敌人，他们也有自己的生存困境和价值观。琼恩渐渐意识到，真正的正义是摒弃种族和立场上的成见，对生命本身以及生活负责。因此，他勇敢地团结各种势力，在组织对抗夜王的联军中发挥了重要的领导作用。

外表沉静，内心火热的正义勇士

ISFP 渴望公平正义、平等仁爱，他们的内心怀揣着理想主义。他们的渴望并非仅仅停留在头脑里，他们还想要在现实中看到自己的理想变为现实。对 ISFP 来说，只描绘美好的未来是不够的，必须要在实际行动中去追求、去争取。即使这意味着会与他人产生纷争，他们也愿意直面。

ISFP 活在当下、甘于平凡，因为他们能清楚地感知到最真实的美就隐藏在平凡人的生活中：是人间烟火气，是街坊邻里的人情味，是青山绿水中的诗情画意，是家常小菜放进嘴里时的温暖……ISFP 乐于行动，也善于观察；可以随时出发，也享受为美景驻足。

对 ISFP 来说，快乐有两种：一种快乐是享受，即不多加思考，单纯地体味身边能够触及的美好，他们能在这种快乐中感到放松；另一种快乐是感受，即用心去体会人与人之间的情感关联，以及自己当下的心情。当 ISFP 处于感受状态时，他们得到的快乐是具有超越性的，他们能在其中找到毕生的追求。

🌼 困境

虽然 ISFP 愿意享受平凡，但前提是他们要找到自己渴望拥有的归属感。ISFP 喜欢真实的温暖，而非冷漠。然而，在生活中，ISFP 往往比他人更多地感受到人的冷漠。这种冷漠，有时写在他人的脸上，有时藏在他人的举手投足之间，有时体现为善意的谎言。

🌸 进阶

保持信念感

对 ISFP 来说，信念感尤为重要。他们需要信念感的力量驱动自己对生活保持热爱。在大部分情况下，这种力量来自他们曾经接触过的人。ISFP 会在心里久久铭记被他人贴心对待和照顾的所有瞬间。这些温暖的瞬间常常能在他们意志消沉时，治愈他们受伤的心。因此,ISFP 需要珍惜无条件爱自己的人,这些人的心意,是 ISFP 信念感的源泉。

发展兴趣,尤其是户外兴趣

ISFP 需要注重发展兴趣,尤其是一些户外兴趣,通过与外界直接接触,吸收大自然的力量。ISFP 就像需要光合作用的小花,可以在能照射到阳光、呼吸到新鲜空气的地方不断茁壮成长。

只爱走心的社交,反感一切"装"

ISFP 对社交对象有着明确的态度——他们特别讨厌"装"的人。ISFP 有一种独特的嗅觉,能够闻到做作的气味。在 ISFP 能感知到的范围以内,所有装腔作势的人都会让他们感到难以忍受。即便如此,大多数时候 ISFP 还是会选择忍耐,因为他们不想因为自己而影响整体氛围。只不过,忍耐对他们来说是痛苦的。

ISFP 喜欢的社交,是参与者都能放下架子、表现出真实自我的"走心式社交"。ISFP 对他人的包容度很高,但前提是对方的确在真心实意地交流。在良好的社交环境中，ISFP 能够敞开心扉，和身边人打开话匣子，展露出他们的另一面——时不时说一些冷笑话，或是做一些很好玩的举动逗乐身边人。

虽然 ISFP 平时总给人一种温和的印象，但他们骨子里是十分刚硬的。如果在社交中遇到了他们极度反感的行为，他们可以不顾对方的身份和当时的场合直接指出。出现这种情况，并非因为他们不顾及整体氛围，而是因为他们实在忍无可忍才选择仗义执言。尤其是当他们重视的朋友遭到他人为难时，ISFP 的这种正义感会更加明显——他们能为好朋友两肋插刀，自然也不吝于为他们说话，维护他们的尊严。

🌼 困境

ISFP 在面对工作应酬等一些自己无法拒绝参与的社交场合时，会感到格外不适应。他们在这样的社交环境中往往会感到格格不入，因为他们最不擅长的就是强迫自己去说一些违心的场面话。频繁的工作社交会大大消磨 ISFP 的工作热情，让他们感到"怀疑人生"。

不必变得圆滑

当 ISFP 尝试变得圆滑时，他们会产生一种价值观上的割裂感。因此，我不建议 ISFP 以这种方式来减轻工作社交中的痛苦。当不得不参与工作社交时，我建议 ISFP 更多地把注意力放在增强主体性上，不要因身边人的违心言行而意志消沉。

让自己"抽离"，与周围"绝缘"

每当 ISFP 看到人们"皮笑肉不笑"地说着场面话时，他们都会替对方感到悲哀。他们认为，当人们不能真心相待而是必须戴上面具、各取所需时，人与人之间的真诚就消失了，剩下的只有冷漠。

当 ISFP 感到悲哀时，不妨尝试让自己"抽离"，即把周围环境当成与自己无关的世界，在心里思考那些对自己来说真正重要的事，或回忆和复盘过去的人生，回想那些真正有意义的瞬间。这种做法相当于在外部世界与内心世界之间筑起一道城墙，每当外部信息入侵内心世界时，ISFP 就可以通过专注于内心世界来减轻非自愿的工作社交带来的不适感。

善于创造美好的实干者

　　相比于技术类工作，ISFP 在艺术类工作中往往能发挥更大的创造力。这是因为 ISFP 善于捕捉自然世界中的美，他们能够把自身观察到的美好事物融入作品，展现出一种生动和真实的感觉。简而言之，ISFP 善于感受生命、创造美好。

ISFP 拥有很强的独立意识，因此，他们非常适合从事自由职业。他们能在没有旁人带动的状态下依然保持专注，不需要他人监督。受这种独立意识的影响，ISFP 往往不太喜欢管理他人，因为他们自己也不喜欢被管理。如果强制让 ISFP 从事管理工作，他们可能会感到很不适应，也许他们会自己一个人把下属的工作都做完，因为这对他们来说反而更省事。

ISFP 很会照顾人，从事护理或教育工作对 ISFP 真诚且善于体谅他人的性格来说，也是十分合适的。

🌼 困境

ISFP 无法忍受让他们感受不到情感起伏的工作。对 ISFP 来说，能够带来情感起伏的工作是有意义的，这样的工作能够让他们感到自己在真实地活着。反之，日复一日地从事"白开水"一样的工作，会让他们失去对工作的热情。

🌸 进阶

放弃与他人比较

对 ISFP 来说，物质虽然重要，但并不是他们的终极追求。然而，不重视物质的 ISFP 之所以无法了无牵挂地从事自己喜欢的工作，主要是因为他们背负着来自朋友、家人，以及自我的压力。来自朋友的压力是指同辈之间的相互比较。ISFP 虽然有着深层次的内在追求，但他们并不能做到对同辈之间的比较始终保持"免疫"。因此，如果 ISFP 真的想要从事自己认为有意义的工作，首先就要彻底退出和同辈朋友们的攀比竞赛，放弃和他人进行任何方面的比较。

基于兴趣发展副业

家人是 ISFP 无法选择理想工作的主要原因。因为对 ISFP 来说，家人（尤其是父母）是养育自己的人，需要自己用最负责任的方式去尊重和对待。因此，在面对来自家人的压力时，ISFP 往往会选择听从家人的意见，放弃坚持自己的想法。ISFP 重视家人的态度值得肯定，但我想建议他们，如果在家人的压力下不得不从事自己不喜欢的工作，与其和家人争论自己能否换工作，不如先发展一些基于自身兴趣的副业，等时机成熟后，再和家人坦言，自己考虑将副业变为主业。当 ISFP 的副业已有一定工作成果时，将更容易说服家人支持自己的选择。

不要否定自己

ISFP 的第三个压力源，是他们对自己的看法。ISFP 害怕自己喜欢的工作"不挣钱"、自己的选择错误、无法对自己和家人负责。对此，我想鼓励 ISFP 在满足基本生活条件的前提下，大胆选择自己热爱的工作。因为对 ISFP 来说，选择热爱的工作就是对自己职业发展最好的投资。

爆发吧，
ISFP 的小宇宙

直面自己的担忧

    ISFP 通常有三个方面的担忧：金钱、工作和情感。面对金钱方面的担忧，我建议 ISFP 尽早养成理财的习惯，帮助自己通过理财实现一定程度的财富积累。面对工作方面的担忧，我建议 ISFP 优先考虑设计类岗位，结合最新的人工智能技术，发展自己的设计才能，这能为他们带来充分的乐趣和可观的收入。面对情感方面的担忧，我建议 ISFP 多多通过参加线下活动来结识交往对象。之所以不建议 ISFP 在线上认识交往对象，是因为他们很会体谅人的性格特点无法通过线上沟通被对方充分感知，这极大地阻碍了他们展示个人亮点。

如何与 ISFP 相处

不要在他们面前表现出虚伪。

不要在他们面前表现出冒犯的行为。

不要在他们想从事户外工作时打消其积极性，他们热爱自然。

不要总是说教，他们更看重感受而非空谈理论。

多多给予他们出其不意的关心。

多多告诉他们你的真实感受，而不是一味向他们阐述你的思想。

多多认可他们的行为，尤其是那些微小的善行。

多多在他们不想说话时给予尊重和空间，他们需要时间整理思绪。

多多向他们表达你真心实意的欣赏。

想对 ISFP 说的话

希望你保持清澈，

因为你是青草上的朝露；

希望你保持童真，

因为你是雨后刚破土的春笋；

希望你保持温柔，

因为你是春日初降的细雨；

希望你保持进步，

因为你是黑夜之后的朝阳；

希望你保持初衷，

因为你是暖冬沁人的梅香。

ESTP

生活是一场大胆的冒险

你是这样的 ESTP 吗

ESTP 十分聪明，对他们来说，真正的聪明是与人交锋时立于不败之地。ESTP 的思维非常适合运用于商业场景，因而许多 ESTP 会选择在商业活动中发挥自己的才能。他们擅长因时而动、因势而行，在商业的海洋中，他们能像冲浪运动员一样踏浪前行。

□ 觉得自己"天下第一棒"　　□ 喜欢在挑战、交易、突破中

□ 享受博弈的乐趣　　　　　　　找寻快乐

□ 天生的商业思维　　　　　□ 喜欢与人打交道的工作

□ 充满活力　　　　　　　　□ 能言善辩、意志坚定

□ 乐于计算　　　　　　　　□ 适应性强

布尔玛（日本漫画《龙珠》的女主角）

智商极高的天才发明家、机灵美少女布尔玛，她为了实现自己交到帅气男朋友的愿望而踏上了"集齐七颗龙珠就能实现一切愿望"的探险之旅。在结识了悟空之后，布尔玛与他一起打怪兽、战恶人，并一次次化险为夷。在这个过程中，布尔玛展现出了机灵活泼的个性，同时又因其喜爱帅哥的特点而闹出了不少笑话。布尔玛虽然常常被宝藏和帅哥吸引，但最终她发现自己真正在乎的既不是财宝，也不是帅哥，而是家人。

热爱商业世界

ESTP 拥有敏锐的商业嗅觉，他们重视商业思维，常常以商业视角看待事物。商业使他们感到着迷，因为商业中包含着很多不可控的因素，充满了可能性。ESTP 在面对不受自身掌控的商业世界时，会感到兴奋。他们并不追求彻底征服这个环境，而是想要纵身一跃，进入变化的浪潮中感受乘风破浪的快乐。

ESTP 的目标不是成为规则制定者，而是享受商业博弈的乐趣。他们十分热爱商业文化，因为商业文化既包罗万象，又蕴含深层规律，却无法被彻底理解。商业活动涉及风险和回报两重因素，这使 ESTP 能从商业活动中找到刺激——不会输的游戏太无聊，而只靠运气才能赢的游戏缺乏创意。

ESTP 喜欢计算，尤其是投入与产出之间的计算。他们并不是吝啬，而是以计算为乐趣。在生活中，ESTP 可以慷慨大方；但在商业活动中，他们却会锱铢必较——因为这种精打细算正是他们的乐趣所在。对 ESTP 来说，商业博弈并非你死我活的斗争，而更像一场智力竞赛，因此他们的竞争理念往往充满体育精神。

我说我最怕人生没意义，你说你最怕小虫子

🌼 困境

ESTP 拥有商业思维，善于思考生财之道。他们具备出色的行动力，擅长做买卖，总能找到让资产增长的途径。然而，这也意味着他们更容易受到金钱的诱惑。ESTP 常常会在赚到钱的时候，变得更加积极进取，却在不知不觉中忘记初心——享受过程本身。这种特质使 ESTP 容易落入物质陷阱，进而影响工作和家庭生活。

🌸 进阶

理性看待金钱

金钱并非"万恶之源"，真正的"万恶之源"是对金钱的一味崇拜。当人对金钱的崇拜超过对生命的热爱时，就会沦为金钱的奴隶，忽视家人和自己其他方面的价值，一味追求资产增长。要避免落入这种陷阱，ESTP 就需要在赚钱的同时培养慈善意识，多用金钱帮助弱势群体。

社交不仅仅是社交

ESTP 享受社交，善于从中观察人性，这对他们从事商业活动有很重要的意义，他们的很多商业资讯都是通过社交获得的。他们擅长依靠逻辑思维审视他人，用幽默的话语试探他人反应，在社交活动中总是游刃有余。

在和亲友的交往中，ESTP 则会展现出他们毫不计较、洒脱的一面。他们并非与任何人交往时都会在头脑中拨动算盘，他们有自己的原则，知道什么时候需要用脑子，什么时候需要放松，否则就会变成只会计算的机器。在面对亲近的人时，他们可以说出心里话，也能够展现出傻里傻气的一面——这时的他们变成了天真的小孩。

🌼 困境

ESTP 享受社交的特点有时会给他们及其伴侣带来一定困扰。如果他们常常独自外出社交，必定会减少陪伴伴侣的时间；如果他们让不喜欢社交的伴侣陪伴他们一起社交，时间久了，伴侣难免会心生厌烦。

🌸 进阶

坚定地选择伴侣

在伴侣和社交之间做出选择，是 ESTP 无法回避的问题。ESTP 在单身时期，可以多参加社交活动；但一旦有了伴侣，就必须适当地降低社交频率，维护家庭幸福。ESTP 需要知道，关心家人永远是值得的。

减少无用社交

如果 ESTP 想要平衡家庭和社交，我建议 ESTP 在参与社交活动前，更多地考虑社交活动的目的，减少无用社交。通过筛选，只参与高质量的社交活动，能使 ESTP 留出更多时间陪伴家人。

商业骄子

ESTP 喜欢从事"高回报率"的工作，金融和销售行业是他们最感兴趣的两个行业。当然，这只是就没有外力干扰下的情况而言，如果 ESTP 受到家人或其他因素影响而选择从事其他行业也是完全可以理解的。不过对 ESTP 来说，"高回报率"的工作始终具有吸引力，这里说的"高回报率"不仅包括收益高，还包括个人成就感高。

越需要与人打交道的工作，越能发挥 ESTP 的商业天赋。他们十分擅长销售和谈判，灵活的思维和冒险精神使他们在交易过程中不会感到尴尬，同时又能根据客户的微表情精准判断其心理并做出恰当回应。

ESTP 的才能同样为创业提供了优势：他们精力充沛、意志坚定、能言善辩、能屈能伸，既能吃苦受累，又能统筹全局。作为创业多面手，他们可以身兼数职，带领团队打拼事业。ESTP 在面对挫折时往往拥有良好的心态，很少因挫败而放弃，反而常常越战越勇，因为他们坚信自己终将战胜困难。

🌼 困境

ESTP 精明过人，他们需要面对的最大的职场问题不是个人发展受阻，而是在发展过程中容易落入靠"小聪明"快速晋升的陷阱。投机取巧需要敏锐的嗅觉，而 ESTP 常以此为傲，认为机会稍纵即逝，自己的"长处"不用白不用。然而，一旦一步走错，就会造成严重的后果。

🌸 进阶

多阅读，了解过往案例

ESTP 避免掉进投机陷阱的办法之一，是多阅读，尤其是多阅读商业人物传记。不要只读成功案例，也要多多参考失败案例，这样有助于他们规避"幸存者偏差"。

参考朋友的建议

虽然 ESTP 善于思考，但难免"当局者迷"。如果 ESTP 有信得过的朋友可以时时提点他们，他们就可以避免因一时冲动而做出草率的决定。

爆发吧，
ESTP 的小宇宙

敢于直言的朋友值得珍视

能够使 ESTP 获得持续成长的三个要素是：直言不讳的诤友、高素养的伴侣，以及崇高的个人追求。ESTP 需要真诚敢言的朋友，因为他们聪明机敏的特质十分突出，加之热衷社交，所以常常会在生活中被人夸赞。久而久之，他们可能会被这些溢美之词蒙蔽，丧失纯真与谦卑之心。那些能察觉到 ESTP 的变化并及时直言相劝的朋友，才是最值得他们珍视的真挚伙伴。

伴侣是最好的监督者

ESTP 需要高素养的伴侣，因为 ESTP 容易因其出色的商业才能而受人追捧，从而产生骄傲心理，这里的"高素养"并非指高学历，而是指具备抵御物质及其他诱惑的定力。与这样的伴侣结合，ESTP 能更好地抵御外界的不良影响。

将目光聚焦于大众福祉

所谓"崇高的个人追求"，是指不以自我为中心，淡泊名利，为大众福祉贡献才能。当 ESTP 将目光聚焦于大众福祉时，他们将展现出宏大的格局，实现从商人到领袖的蜕变。

如何与 ESTP 相处

不要在他们落魄时瞧不起他们。

不要限制他们的自由。

不要阻止他们发表观点，他们喜欢通过表达来整理思路。

不要对他们说"你真难看"，他们很注重外表。

不要觉得他们没有情绪。

多多向他们表达你对他们的欣赏，越具体越好。

多多安抚他们，尤其是在他们感到不安的时候。

多多鼓励他们直面挑战，这会让他们更勇敢。

鼓励他们多多表达喜怒哀乐。

多多提醒他们注意休息，健康是他们发挥才能的基石。

想对 ESTP 说的话

人生很长，

慢慢来，反而比较快。

当你着急时，

一定不要忘记，

心急是出错的源头。

时间还早，

足够你做出正确的决定。

真正宝贵的东西不会轻易失去，

你的价值，

也不会由一次成败决定。

ESFP

我的快乐永远在计划之内

你是这样的 ESFP 吗

ESFP 充满活力，他们总是活在当下，擅长从糟糕的情况中发现乐趣并保持乐观。他们魅力十足，喜欢人多的地方和气氛热烈的活动，享受与大伙一起欢呼、玩闹。在台下的时候，他们是现场气氛的活跃者；在台上的时候，他们是万众瞩目的中心人物。

☐ 随和友善

☐ 立刻、马上、现在就要快乐

☐ 活在当下

☐ 热爱现实世界

☐ 精力充沛

☐ 善于观察他人的情绪和需求

☐ 社交达人

☐ 热爱新奇事物

☐ 善于活跃气氛

查理·卓别林（英国著名喜剧演员）

查理·卓别林在少年时期做过许多工作，从卖花童到理发店小工，再到报童，这让他积累了丰富的社会经验。他小的时候还经常跟着剧团演出，这些经历对他日后在喜剧中真实地展现底层人民的生活有着重要意义。卓别林才华横溢，他的作品赢得了大众的喜爱，代表作有《淘金记》《摩登时代》等。

活在当下

对 ESFP 来说，"今朝有酒今朝醉"并非消极的享乐主义，而是人生的乐趣。如果今天因为作业而发愁，明天因为成绩而担心，那岂不总是活在担惊受怕之中，枉费了大好青春？因此，哪怕是像挤海绵里的水一样，在繁忙的学业、工作中忙里偷闲，"榨取"快乐的时刻，对 ESFP 来说也是值得的。相比退休后才允许自己快乐，他们要立刻、马上、现在就快乐。

ESFP 比大多数人都懂得快乐的真谛。他们喜欢笑，无论是开怀大笑，还是像小孩子一样傻笑。通过笑，他们能触及灵魂最深处的喜悦，感受那种冲破一切束缚、自由飞翔的生命冲动。对 ESFP 来说，笑有着非同寻常的意义，就像呼吸一样不可或缺。如果不能笑着与人相处，不能笑着面对生活的复杂，那么对他们来说，人生是不值得过的。

我说我最怕人生没意义，你说你最怕小虫子

🌼 困境

ESFP 认为，想要持续快乐到老就必须保持经济宽裕。这种观念给他们带来了一定的心理负担：快乐时，他们会想"有钱会不会更快乐"；不快乐时，他们又怀疑"是不是因为没钱"。关于金钱的幻想与匮乏感常常困扰着他们，让他们有钱时担心、没钱时忧虑。

🌸 进阶

理解真正的快乐

ESFP 若想摆脱"金钱万能论"的束缚，就必须意识到，真正的快乐与购买力无关。表面上，金钱似乎能带来更多选择，但一个人若被物欲绑架，反而会减少人生的可能性——会为了维持消费水平而疲于奔命，失去随性探索的勇气。ESFP 优势的发展本不需要靠金钱堆砌，只需要一颗不被物质焦虑束缚的心。当他们不再用消费标价快乐时，才会发现最鲜活的自由，其实就隐藏在路边偶然听到的音乐、深夜畅聊的笑声，或是说走就走的冒险里。

社交达人

ESFP 热爱社交，因为在社交活动中，他们能够获得与人交谈的快乐，能感知他人的情绪（尤其是积极情绪），能了解身边的新鲜事。他们喜欢与人谈论周围发生的事，并发表自己对这些事的看法。他们的重心并不在于争论对错，而在于表达这些事给自己带来的印象，例如"这件事超级有趣""那件事超级尴尬"等。

对 ESFP 来说，说话与快乐一样不可或缺。如果不让 ESFP 说话，他们一天中的快乐就会减少一大半。在喜欢他们的人看来，ESFP 就像一个行走的小喇叭，总是传播着开心的话语。

在社交场合中，ESFP 往往是人群的焦点。这不仅因为他们活力四射，极具吸引力，还因为他们善于调动他人的情绪。ESFP 可以根据场合的需要，表现得滑稽搞笑，或表现得温文尔雅。他们善于应变，能够针对不同的社交环境展现出最恰当的一面。但无论他们展现出哪一面，有一点是毫无疑问的：他们所蕴含的高能量是难以掩盖的，总会吸引他人的注意。

我说我最怕人生没意义，你说你最怕小虫子

🌼 困境

ESFP 活力四射，他们在社交活动中往往比较随心所欲。这种性格对大部分人来说是极具吸引力的，但对少数人来说，这种随性可能会被误解为"说话不经过大脑"。ESFP 并非缺乏情商，而是容易在情绪化的时候想到什么就说什么，这难免会被别人误解为故意博眼球。虽然 ESFP 不太容易受这些误解的影响，但当他们知道有人这样看待自己时，还是会感到难受。

🌸 进阶

注意说话动机

ESFP 在发表评价时，需要注意自己的说话动机是否出于善意。不要随意表达不尊重他人的内容，比如贬低别人的外貌、声音、智商等。

允许他人发声

ESFP 在社交中需要注意的第二个问题是，要给身边人说话的机会。因为 ESFP 能量充沛，容易成为社交中心，所以他们有时会自然而然地成为话语权的分配者，宛如综艺节目中掌握着话筒的主持人。因此，ESFP 需要适当克制对话筒的占有欲，在他人有表达需要时，允许他人发声。

喜爱流行文化的"开心果"

ESFP 拥有高能量的特点，这使他们在从事各类需要随机应变的工作时具有独特的优势。他们能够灵活地根据现场需要，采取恰当的措施。因此，无论是从事演艺行业，还是作为现场活动工作者指导演出类活动，他们都能发挥出色的才能。ESFP 在人群活跃的地方表现得格外出众，因为他们能从人群中"吸收"快乐情绪，将其内化为自身能量，并以独特而富有魅力的方式将能量再释放出去，使人群更加欢乐。

ESFP 喜爱流行文化、善于把握前沿思潮，所以他们比较适合从事设计类工作。在从事设计类工作时，他们极为擅长元素创新，能在感官层面创造出最具冲击力的原创作品。相比于通过隐喻来表达主题，ESFP 更擅长通过展示鲜明的色彩，或是大胆突破既定的设计思路来展现美。

ESFP 在从事自己喜欢的工作时，总是能成为人群的焦点。他们热衷于通过自己的表现来带动大家，让整体气氛火热起来。同

时他们也渴望得到他人的认可，因为对他们来说，这是自己创造价值的回报。ESFP 并非盲目追求被他人崇拜，而是追求他人对自己天赋和才能的肯定，他们能为此付出巨大的努力。

🌸 困境

ESFP 在面对无法发挥自身应变能力的工作时，容易缺乏专注度。他们是活泼的小麻雀，不适合被关在笼子里，过着日复一日

我说我最怕人生没意义，你说你最怕小虫子

的单调生活。然而，当他们不得不从事"无聊"的工作时，他们只能压抑好动的天性，硬着头皮努力完成。这对他们来说是枯燥乏味的，工作表现也会因此受限。

🌸 进阶

产生兴趣

ESFP 要想保持专注，就需要发自内心地对自己所从事的工作产生兴趣。想要达成这一点，就必须让他们看到自己的工作与实际作用之间的直观联系，认可自己工作的意义。

陪伴和指导对 ESFP 来说很重要

陪伴和指导对 ESFP 在工作中保持良好表现具有重要意义。ESFP 并不适合单独工作，他们喜欢有人陪伴，如果有人能在他们需要时提供即时指导，则能使他们更好地对工作保持专注。

爆发吧，
ESFP 的小宇宙

　　我建议想要从事表演行业的 ESFP 尽早学习专业技能，并多多积累表演经验。由于表演行业需要人在较年轻时入行，因此有此志向的 ESFP 应提早积极与家人沟通，争取获得家人的支持。ESFP 天生具备出色的观察能力和模仿能力，这使他们能在同行竞争中展现出优势。在这种情况下，限制 ESFP 职业发展的主要因素就是经验和机会。虽然机会难以掌控，但至少经验可以主动积累。在经验积累的过程中，ESFP 不应畏惧吃苦，应坚信为自己热爱的工作吃苦是值得的。

　　如果 ESFP 想要从事设计类工作，则应尽早掌握设计理论，并持续关注流行风向，例如订阅专业时尚杂志或浏览国内外设计网站。同时，尽早开始原创设计也是必要的准备，因为应聘设计类岗位往往需要提供个人作品集。

如何与 ESFP 相处

不要觉得他们话多，这是他们高能量的表现。

不要在背后议论他们，有什么话都可以和他们当面说。

不要觉得他们天天开心就没有伤心难过的时候，他们只是没让你看到。

不要觉得他们对快乐执着只是为了自己，他们也是为了把快乐传递给身边人。

多多鼓励他们表现自己。

多多为他们的表现鼓掌。

多多告诉他们"你在（某个具体方面）真的很出色"。

多多在他们闷闷不乐时询问原因，安慰并鼓励他们。

多多在他们情绪过于高涨时替他们"灭火"，避免他们因"童言无忌"而冒犯他人。

想对 ESFP 说的话

你是欢乐的小麻雀，

在笑声里破壳，在阳光里长大。

当你第一次张开翅膀时，

或许会兴奋，或许会迷茫，

但请你相信——

快乐始终是你生命的底色，

你的人生不必背着忧愁前行。

当你闷闷不乐时，

天空也会心疼你，

悄悄暗下脸色；

当你喜气洋洋时，

太阳公公也会欢喜，

把光辉洒向你的羽毛。